HEART THOUGHTS

あなたはいつだってOK!

ルイーズ・L・ヘイ
Louise L. Hay

住友 進 訳
Sumitomo Susumu

Discover
ディスカヴァー

あなたの「心」に捧げます

「心」は、わたしたちに最大のパワーをつくり出してくれます。
そして、わたしが時間をかけて学んできたのは、
「心」のなかにある愛の空間から考えが思い浮かんできたとき、
わたしたちは、簡単に無理なく創造力を発揮できるということです。
さあ、今から「心」のもつパワーを引き出しましょう。

ルイーズ・L・ヘイ

はじめに

本書は、わたしがこれまで伝えてきた瞑想や癒しの方法、アファメーション（6ページ参照）、講演でのお話などを抜粋し、まとめたものです。まとめる際に心がけたのは、この本を読まれた人が、**日常の様々な経験のなかでぶつかる困った状況に対して、自分の力で向き合い、応えられるようになる**ことでした。

自分は被害者だと思い込んでしまうと、人から距離を置こうとします。一方で、苦痛や恐怖を感じてしまうと、助けてくれる人を探し回ってしまいます。しかし、わたしたちは犠牲者になどならず、自分の力に気づいて、人生に立ち向かっていける能力を見つけ出すことができるのです。

「インナーセルフ（内なる自分）の声」に耳を傾けることで、人生は素晴らしい方向に向かっていきます。誰かに頼らなくても、人生を前向きに変えていけるすごい能力があなたには潜んでいるのです。なんと素晴らしいことでしょう。

この能力に気づいたとき、あなたは驚くほどの解放感を味わうことができます。

ただ、このような解放感に初めて遭遇したとき、恐怖や戸惑いを覚える人もいるかもしれません。なぜなら、この感覚を抱くことは、自分に対して「責任」を負うということだからです。しかし、それはけっして、恐れるようなことではありません。責任を負うということは、自分が人生に対処できる存在になれるということなのです。

今こそ、古い考えや習慣を手放しましょう。新しい信念と新しい行動の方法を学び、経験を重ねていけば、あなたは真に自分らしく生きていけるようになるでしょう。

辛抱強さを身につけてください。自分を変える決意をした瞬間から努力の成果が実際にあらわれてくるまでには、古い世界観と新しい世界観の間で揺れ動いてしまうこともあるでしょう。しかしそんなことでいちいち腹を立ててはいけません。この移行期間は、自分を責めるのではなく、鍛え上げる段階です。自分を変えていく能力を身につけられるようになるまで、本書で紹介する方法を日常的に活用してください。

今こそ、目覚めるときです。

すぐにはそう思えないかもしれませんが、人生はつねにあなたの味方です。あなたにも、いずれわかる日がくるでしょう。古い秩序から新しい秩序に、安全に、平穏に移行していくことができると、どうか確信してください。

愛をこめて

ルイーズ・L・ヘイ

「アファメーション」について

アファメーションとは、一般的に「自分への宣言」「自己説得」などと訳されることが多いようです。

本書では、左側のページに大きく横書きで「肯定的なアファメーション」を紹介しています。また、それ以外の部分でも、「宣言しましょう」といった言葉に続く文章は、「肯定的なアファメーション」です。

わたしたちがいつも口にしたり、考えたりしている言葉が、わたしたちの人生をつくり出しています。ですから、前向きな言葉によって、新たな人生をつくり出すことができるのです。

「肯定的なアファメーション」によって、人生によい影響を与えることができるだけでなく、悪い影響を取り除くこともできます。

積極的に、アファメーションの言葉を唱えていただきたいと、願っております。

（編集部より）

あなたはいつだってOK！
CONTENTS

はじめに……004

第1章 仕事・富 Business & Wealth

001 わたしは人生を豊かで、満ち足りたものにすることを宣言します【限界】……016
002 わたしは「イエス」と言える、前向きな人間です【豊かさ】……018
003 わたしは心のなかであらゆる可能性を体験しています【限界突破】……020
004 わたしは自分の心のなかにある知性を信頼します【喪失】……022
005 わたしは真実と安らぎに意識を集中します【職場での調和】……024
006 わたしはお金に恵まれています【収入】……026
007 毎日、わたしは新しいことを学びます【課題】……028
008 わたしはほんとうに楽しめる職業についています【仕事】……030
009 わたしの職場は最高の環境です【職場環境】……032
010 わたしはいつも最適な状態に置かれています【称賛】……034
011 わたしの仕事は成功します【仕事】……036
012 わたしは働くことを楽しんでいます【雇用】……038
013 仕事は天から与えられたアイデアです【仕事】……040

014 無限の力を味方にして仕事はうまくいきます【仕事】……042
015 わたしは今、適切な時間にここにいます【時間】……044
016 わたしはいつも信じられないほど素晴らしい贈り物を受け取っています【成功】……046
017 わたしは生まれついての勝者です【勝者】……048

第2章 愛・人間関係

Love & Relationships

018 わたしは愛の光を輝かせます【愛惜】……052
019 わたしの愛は無限です【愛】……054
020 わたしには愛される価値があります【愛】……056
021 わたしは互いに愛しあえる安全な世界をつくっていきます【愛ある世界】……058
022 わたしの人間関係はすべて、愛の輪で広まっています【人間関係】……060
023 わたしは家族に愛を捧げます【家族】……062
024 わたしは自分の力で決断します【両親】……064
025 わたしは母とお互いに役に立つ関係をつくります【母親】……066
026 わたしは父に対し、深い思いやりを持っています【父親】……068
027 わたしは自分を無条件に愛します【大人】……070

028 今、わたしは素晴らしい未来をつくり出しています【子供時代】……072
029 わたしは子供とわけへだてなく話しあいます【子供】……074
030 わたしはほかの人のありのままの姿を尊重します【ほかの人】……076
031 わたしは調和のとれた人間です【調和】……078
032 わたしはより大きな力とつながっています【信頼】……080
033 わたしは今すぐ自分を愛し、受けいれます【無条件の愛】……082
034 わたしは地球に住むすべての人とひとつに結ばれています【統一】……084

第3章 許し・自由

Forgiveness & Freedom

035 わたしは、どんな自分も許します【罪悪感】……088
036 わたしは自分のあらゆる部分を受けいれます【受容】……090
037 わたしは自分でつくり出したものはすべて受けいれます【受容】……092
038 わたしは自分を積極的に表現します【不測の事態】……094
039 わたしはすべての限界を突破します【あやまち】……096
040 わたしは自分自身でいることが大好きです【批判】……098
041 わたしはありのままの自分を愛し、受けいれます【批判】……100

042 わたしは素晴らしい人生を送るのにふさわしい人間です【価値】……102
043 わたしは喜びを手に入れるのにふさわしい人間です【価値】……104
044 わたしは過去の経験をすべて許します【許し】……106
045 わたしは過去と決別し、人生のプロセスを信頼します【過去との決別】……108
046 わたしはオープンな気持ちですべてを受けいれます【アファメーション】……110
047 わたしは自由です【自由】……112
048 わたしは人生を楽しくすることができます【楽しさ】……114
049 わたしは現状をつくり上げているものを手放します【手放す】……116
050 わたしは十分に満ち足りています【手放す】……118
051 わたしはすすんで、今の状況をつくってしまった原因を手放します【原因を手放す】……120
052 わたしは人生の新しい扉を開きます【新しいことを受けいれる】……122
053 わたしの経験はすべて正しいです【新しいことを受けいれる】……124
054 わたしには変えていける力があります【責任と非難】……126
055 自分にとって最善のものでなければ、遠慮なく「ノー」と言います【「ノー」と言う】……128
056 わたしは苦しみをすべて手放して、自分を許します【独りよがりの憤り】……130
057 わたしの原動力は愛です【憤り】……132
058 わたしにはいつも選択肢があります【義務】……134
059 どんな問題にも解決策があります【解決】……136
060 わたしは唯一無二の存在です【個性】……138

第4章

癒し・健康

Healing & Health

061 わたしは癒しの階段を一歩昇っています【アファメーション】……146
062 わたしは健康で、エネルギーに満ちあふれています【エネルギー】……148
063 わたしは、あらゆるレベルで自分を癒すことができます【癒し】……150
064 わたしは奇跡を引き寄せる磁石です【癒しの雰囲気】……152
065 わたしは全身を光で振動させます【癒しのエネルギー】……154
066 わたしの手は素晴らしい癒しの道具です【癒しの手】……156
067 わたしに触れるすべての手は「癒しの手」です【癒しのパートナー】……158
068 わたしは身体のメッセージにじっくりと耳を傾けます【健康】……160
069 わたしの心と身体とスピリットは健康のために組織されたチームです【健康】……162
070 わたしは愛のエネルギーを全身に注ぎます【休暇】……164
071 わが家は身も心も安らぐ場所です【家】……166
072 わたしの世界は安全で、恐れる必要などありません【肥満】……168
073 わたしはすすんで恐怖を手放します【肥満】……170
074 わたしは最も深い安らぎのなかにいます【安らぎ】……172

075 わたしの心は安らいでいます【リラクゼーション】……174
076 わたしは問題を解決して、安らかに眠ります【睡眠】……176

第5章 成長・幸福
Growth & Happiness

077 わたしは、心のなかに浮かんでくる答えには、簡単に気づけるようになります【アファメーション】……180
078 怒りは、自分のある部分を守ろうとしていることが原因です【怒り】……182
079 わたしは自分らしさを自由に発揮します【怒り】……184
080 わたしは今のままで完璧です【完璧】……186
081 わたしは自分のために新たな素晴らしい信念をつくり出します【信念】……188
082 これからは自分の素晴らしい面だけを見るようにします【マイナス思考】……190
083 変化はすべて簡単に起こせます【変化】……192
084 ひとつの扉が閉まるとき、別の扉が開かれます【変化】……194
085 わたしはすすんで変化を起こしていきます【変化】……196
086 わたしはすすんで変化を起こし、成長していきます【変化】……198
087 考え方は変えることができます【思考の変化】……200

088 わたしが実行することはすべて、自分で判断を下した結果です【選択】……202
089 わたしはいつでも安全です【感情】……204
090 わたしは愛の息吹を体内に吸い込み、活力に満ちあふれています【拡大と縮小】……206
091 わたしはいつも完全に守られています【恐怖】……208
092 わたしはポジティブなことをじっくり考えます【思考】……210
093 わたしは心のなかに起きていることに気づきます【自己観察】……212
094 わたしはポジティブに話し、考えます【言葉の持つ力】……214
095 わたしは素晴らしい人間で、自分を誇りに思っています【性格改善】……216
096 今年、わたしは心の奥を探って変化を起こします【新年の決意】……218
097 わたしはほんとうの自分を表現します【表現】……220
098 わたしは本来の自分の姿を自由に表現します【表現】……222

第6章 宇宙・精神 Universe & Spirit

099 今日は完璧な一日です【完璧】……226
100 わたしは純粋なスピリットです【意識】……228
101 わたしは、わたしにふさわしい行動をします【行動】……230

102 わたしは、わたしにふさわしい場所にいます【秩序】……232
103 必要とするものは、最もふさわしい時間と空間に、わたしのもとにやってきます【秩序】……234
104 わたしは自然と仲良しです【自然災害】……236
105 死は存在しません【永遠の命】……238
106 わたしには無限の可能性があります【無限の力】……240
107 わたしは今の自分を心から愛しています【インナーチャイルド】……242
108 わたしは自分のインナーチャイルドをいとしく抱きしめます【インナーチャイルド】……244
109 無限のエネルギーは永遠です【スピリット】……246
110 人生とは喜びです【潜在意識】……248
111 わたしは内なる声に従います【知恵】……250
112 わたしたちは皆、調和した全体の一員です【一致団結】……252
113 わたしは生きとし生けるものとつながっています【すべてはひとつ】……254
114 この世界は地上の楽園です【世界共同体】……256
115 わたしはたえず変化していく旅の途中にいます【永遠の命】……258
訳者あとがき……260

第1章

仕事・富

Business & Wealth

limitations

限界

あなたが自分やほかの人を批判したり、
ひじょうに悲観的で先入観にとらわれた目で
人生を見ていたりするような
ひどくネガティブな人間であるならば、
あらゆるものごとに愛を抱くことを始めましょう。
それには忍耐が必要です。
急ぐことはありません。
忍耐力は、ゆっくり、
のんびりと身につくものです。

001

わたしは人生を豊かで、満ち足りたものにすることを宣言します

次のように宣言しましょう。

「今こそ、わたしは思い込みの殻を脱ぎ捨てます。これからは自分が望んでいた利益を否定してしまうような考え方はしません。意識のなかのすべてのネガティブな思考パターンを、今すぐ掃除して、取り去り、捨ててしまうことを誓います。わたしの意識は、健康、富、愛情あふれる関係に役立つ、快適で、前向きで、愛情に満ちた思考パターンであふれています。

これからの人生で、わたしはつねに素晴らしいことを実現していきます。豊かで満ち足りた人生を実現することを宣言します。

愛が惜しみなく注がれ、成功が満ちあふれています。身体は丈夫で、活気に満ちています。創造力はつねに新しく、新鮮です。あたり一面が安らかな空気に包まれています。

わたしにはこのすべてを手にする価値があります。これからもこの豊かさはずっと私のものです。

わたしの目の前には、あらゆる可能性が横たわっています」

Abundance

豊かさ

やりたくないことを
考えれば考えるほど、
その嫌なことが
ますます現実に起こってしまいます。
反対に、
自分の望みを
真剣に考えれば考えるほど、
富をはじめ、いいことが
ますます自分に
引き寄せられてくるのです。

002

わたしは「イエス」と言える、前向きな人間です

地球には、あり余るほどの食べ物や、使いきれないほどのお金がありま す。出会いきれないほど多くの人がいて、味わいきれないほどの愛も用意されています。わたしたちは、信じられないほど多くの喜びを受け取ることができるのです。

この世界には、あなたが必要とし、望むものはすべて存在しています。あなたは、そのすべてを自分のものとして利用し、所有することができるのです。

無限の心と知性は、いつもあなたに「イエス」と言っています。どんな信念や考えや言葉を選んでも、すべて受けいれてもらえます。

ですから、弱気な考えややりたくないことをくよくよ思い浮かべて、時間を無駄にするのはやめましょう。

自分自身や自分の人生を、できるだけ前向きに見るのです。チャンスや成功に背を向けてはいけません。

前向きな気持ちで「イエス」と言えば、「イエス」という反応がくるでしょう。どうか、そのことに喜びを感じてください。

今この場で、楽しむために、あなたが所有しているすべてのものに感謝しましょう。

Beyond Limitations

限界突破

今この瞬間、
あなたが考えていることに気づいてください。
その考えはネガティブなものでしょうか？
それとも、ポジティブなものでしょうか？
未来を築き上げ、
無限の可能性をつくり出すことを
あなたは目指していますか？
ともかく自分の考えに気づき、
意識してみてください。

003

わたしは心のなかで あらゆる可能性を体験しています

あなたは、「あらゆる可能性」という言葉をどのような意味でとらえていますか？

この言葉は、「限界がないこと」だと考えてください。

自分でつくってしまったあらゆる限界を突破していきましょう。

頭のなかで、「私にはできない」「うまくいかない」「まだ十分ではない」「これが邪魔になっている」などと考えるのはやめることです。

このような限界をどれくらい口にしているか、考えてみてください。「女性だからできない」「男性だからできない」「きちんとした教育が受けられなかった」……。

こうした限界は、やらないことの言い訳として重宝します。そのため、ふとした拍子に、出てしまうのです。

しかし、それでは「あらゆる可能性」は宣言できません。ましてや体験することなど、絶対に無理でしょう。「できない」と口にするたびに、あなたは自分の限界をつくり出してしまいます。

今、あなたは、自分が思い込んでいる考えを突破していくだけの強い意志を持っていますか？

Lost

喪失

あなたが失うものは何もありません。
あなたは、何も失うことのない
世界の一部なのです。

004

わたしは自分の心のなかにある知性を信頼します

この世界には、ひとつの「普遍的な知性」が存在しています。

その知性はいたるところに、等しく存在しています。

あなたの心のなかにもありますし、あなたが探しているあらゆるもののなかにもあるのです。

あなたは、道に迷ったり、何かを見失ったとき、「どうしたらいいかわからない」と言ってはいませんか？

もしそうならば、今すぐやめましょう。心のなかにある知性は、今、探そうとしているものの知性をあなたと結びつけようとしてくれているのですから。


この世界には、失うものはひとつもありません。

あなたの心のなかにある「普遍的な知性」をどうか信頼してください。

Harmony at Work

職場での調和

仕事をしていて、
押し付けられたとか、
不公平だ、などと感じることはありませんか？
心を探り、そのような感情が見つかったならば
解き放ちましょう。
これで、あなたは自由になれます。

005

わたしは真実と安らぎに意識を集中します

次のように宣言しましょう。

「わたしのいる場所には、無限の知恵と無限の調和、無限の愛だけが存在しています。ですから、今この瞬間、職場には無限の知恵、無限の調和、無限の愛しか見当たらないことを、宣言し、断言します。

どんな問題にもかならず解決策があります。どんな質問にもかならず解答があります。

一見、不和や混乱のように見える状況であっても、そこには調和があります。わたしはそれをすすんで探し出し、そこから貴重な教訓を学び、成長の糧とします。すべての非難を取り除き、心のなかに目を向けて真実を探求します。このようなマイナスの状況の原因をつくっている思考パターンをすすんで解き放ちます。

わたしは真実を知ることを選択します。真実がわたしを自由にしてくれるからです。無限の知恵、無限の調和、無限の愛が、わたしの心の内外、そして会社にいるすべての人の周りに圧倒的な力を及ぼしています。また、わたし自身、この仕事にかかわるすべての人に対し、平和、安全、調和、深い愛を示していきます。

一緒に働く皆が、真実に意識を集中し、楽しく暮らしています」

Income

収入

お金はエネルギーです。
お金はサービスの交換であり、
ものであり、形でもあります。
しかし、お金自体には意味はありません。
手渡して、価値があると信じてもらえなければ、
「ただの紙きれ」です。
つまりお金とは、
ただ価値があると
信じられているもののことなのです。

006

わたしは お金に恵まれています

あなたは宇宙銀行の預金口座を持っています。

収入を早く増やしたければ、内面を磨き、精神を鍛えることです。

あなたは、自らの意思でどんな選択もすることができます。お金をはじめ、成功を引き寄せる選択も、それを拒絶する選択も、どちらもできるのです。

不満を言うことは、成功するためには、まったく役に立ちません。

前向きなアファメーションを預金し、自分にはお金持ちになる価値があると信じることもできれば、それを否定することもできます。

では、次のように宣言してみてください。

「わたしの収入は増え続けています。わたしには成功と富を獲得する価値があります」

Learning

課題

ほかの人が学ぶべき課題を
あなたが代わりに学ぶことはできません。
自分自身で学ばなくては意味がありません。
学ぶ覚悟ができたら、
自分から学ぶようになるものです。

007

毎日、わたしは新しいことを学びます

歴史上、いつ、どこでどんな戦いがあったか——そんなことをすべて覚えておく必要などありません。そんなことよりも、子供たちに教えてあげてほしい大切なことがあります。

- ものごとの考え方
- 自分の愛し方
- 人付き合いや賢い親になる方法
- お金の扱い方
- 健康になる方法

しかし、ほとんどの人は、人生におけるこのような様々な領域にどう対処したらいいのかを教わることなく大人になってしまいます。

もし知っていたなら、わたしたちの今は、もっと違ったものになっていたことでしょう。

Work
仕事

仕事について抱いている
いくつかのネガティブな考えや感情を
取り除いてしまえば、
毎日が喜びと冒険の日々に
変わっていくのがわかるでしょう。

008

わたしはほんとうに楽しめる職業についています

仕事についてどう思っていますか？

お金のためにやっているつまらない仕事だと考えていますか？　それとも大好きで、楽しい仕事だと思っていますか？

「仕事にたいへん満足しています」と宣言してください。そうすれば、仕事から喜びを手に入れることができます。

あなたは宇宙の創造力とつながっています。この創造力は、思いがけない方法で、あなたにアイデアを伝えてくれます。

仕事のことでネガティブな考えが浮かんでくるたびに、「わたしはほんとうに楽しめる職業についています。仕事にたいへん満足しています」と宣言しましょう。

Work Environment

職場環境

人生のあらゆることは、
わたしたちを映し出す鏡です。
仕事でうまくいかないことが起こっているとき、
心のなかをのぞいて、
自分自身にこう問いかけてみましょう。
「どうしてこうなってしまったのだろう？
心のなかで、こんな経験が起きても
仕方がないと思い込ませてしまうこととは何だろう？」

009

わたしの職場は最高の環境です

次のように宣言しましょう。

「この職場に足を踏み入れると、感謝の気持ちが湧いてきます。郵送や出荷をするのに便利な場所で、設備も整っています。会議にもちょうどいい広さです。必要なものはすべてそろっています。仕事熱心な人ばかりが集まっています。秩序があって、落ち着いた雰囲気です。皆、仲がよく、助け合い、献身的に熱心に働いています。喜ばしいことです。偏見がなく、のみ込みの早い人が、この会社が支援している活動に惹きつけられています。ありがたいことに、この使命を支えるための富も豊富に提供されています。

まさにその通りに成し遂げられています」

Praise

称賛

わたしたちはそれぞれ今この瞬間、
自分にできるまさに最高のことを行っています。
その真実について理解を深め、認識も鋭くなれば、
行動は、また違ったものになるでしょう。
あなたは今、最善を尽くしています。
その努力に対し、
自分を褒めてあげてください。

010

わたしはいつも最適な状態に置かれています

自分を褒めてあげてください。

ほんとうに素晴らしい人間であると、自分に教えてあげてください。新しいことを試みるとき、最初はうまくいかなくて当たり前です。専門家ではないのですから。

失敗しても、罪の意識など抱く必要はありません。とにかく練習することです。これに尽きます。何が役立ち、何が役立たないのかを、何度も挑戦して学びましょう。

新しいことや、今までと違うことを試したり、学んだばかりのことを実践に移そうとしたりするときは、自分を励ましてあげてください。

自分を褒めてあげることです。自分の評価を上げて、次に練習するときには、気分良く取り組めるようにしましょう。

練習するたびに、あなたの腕はめきめきと上達し、たちまちのうちに新しい技術を身につけていくでしょう。

Business

仕事

他人の成功を喜びましょう。
成功には制限はありません。
すべての人に
ふんだんに与えられているのです。

わたしの仕事は成功します

この世界はすべてつながっています！　ですから、あらゆる知恵と知識は今この場で、手に入れることができるのです。無限のエネルギーを得ながら行動することで、仕事は成功し、改善され、成長を遂げていきます。

現金や資源には限界があるといったネガティブな考えは完全に捨て去りましょう。大金が預金通帳に貯まっていくと信じてください。そうすることで、飛躍的な繁栄の道に意識が開かれていきます。

わたしたちは利用したり、蓄えたり、与えたりできるものをたくさん持っています。成功法則に従えば、お金の流れがどっと押し寄せてきます。

誰もがこのような意識を持っている組織ならば、そこにいるすべての人が成功します。

成功の意識を実際に実現させる生きた見本になることを選んでください。

快適で、安らかで、素晴らしい状況で生活し、働くのです。そうすれば、穏やかな心で安心して毎日を過ごすことができます。

このように宣言しましょう。

「わたしは予測をはるかに上回る成果を達成し、順調に成長し、繁栄しています。喜びと感謝の気持ちでいっぱいです。わたしは仕事を愛で祝福します」

Employment

雇用

今、まさに
あなたが提供できる技術や才能を
探している人がいます。
あなたは人生の将棋盤の上に
呼び集められているのです。

012

わたしは働くことを楽しんでいます

次のように宣言しましょう。

「わたしは、この仕事に喜びを抱いています。わたしたちが世の中に貢献できることを証明するあらゆるチャンスに恵まれていることに感謝します。課題というものは、すべてわたしに与えられたチャンスです。

精神を集中させるためには、頭を空っぽにしなければなりません。そして前向きな言葉が心に浮かんでくるのを待つのです。わたしは喜んでその素晴らしいひらめきを受けいれます。

見事に成し遂げられた仕事には、正当な報酬を受ける価値があることも理解しています。

わたしは、無限のエネルギーを受けながら、自然の摂理のなかで完璧な仕事をしています。

創造力を発揮すれば、豊かな富が引き出されます。仕事はかならずその働きに報いてくれるのです」

Business

仕事

愛と喜びと笑いにあふれた職場で仕事をし、
その仕事を評価してもらえるなら、
あなたは素晴らしい成果を出し、
より一層、熱心に働くようになるでしょう。
今までの自分にはなかった才能と能力を
発揮している自分に
気づけるようになるはずです。

013

仕事は天から与えられたアイデアです

わたしたちの仕事は、大いなる愛から生まれ、支えられている、神聖なアイデアです。あなたとともに働いている人たちは、皆、愛の活動に引き寄せられてきました。ですから、彼らが今、ここにいるのは、神聖な権利なのです。

無限の調和があらゆるところに浸透していて、誰もが生産的で、楽しく、一丸となって働いています。無限の知恵が、製品やサービスをつくり出します。そして無限の愛のおかげで、丹精を込めた製品やサービスを買うことで助けられた人々からの支持がもたらされるのです。

不満を言ったり、非難したりするような癖はすべて捨て去りましょう。**ビジネス界は「意識」によってつくり出されています。**ですから、宇宙の原理に従えば、仕事は素晴らしい成功を収めることができるのです。アファメーションや瞑想といった方法をしっかりと利用して、もっと豊かな人生を味わいましょう。

勝手な思い込みで、自らに制限をかけるようなことはやめましょう。

そうすれば、あなたは、夢にも思わなかった計画を抱けるようになります。人生が愛と喜びにあふれているのは、仕事が天から与えられたアイデアだからです。

Business
仕事

あなたが実行する計画は
どんなことであれ、すべて成功します。
あなたと取引する人は皆
周りから感謝され、成功をおさめ、
あなたと一緒に働くことを
光栄に思っています。

014

無限の力を味方にして仕事はうまくいきます

わたしたちは普遍的な知性と手を携えています。ビジネス界にある、この知性とは関係のないネガティブな側面を気にする必要はありません。なぜなら、それはあなたとはまるで無縁のことだからです。わたしたちは建設的な成果を期待し、その実現を受けいれます。ビジネス界で、あなたに引き寄せられてくる人は皆、実に誠実に働いてくれます。

わたしたちが実行することはすべて、最もよい方法で成し遂げられています。この地球とそこで暮らすすべての人を助けるために、贈られてくるチャンスに感謝しましょう。

心のなかをのぞくことで、より高位の英知（higher Intelligence）とつながることができます。その英知は、あなたとかかわるすべての人が最高の利益を得られるように、あなたに力を貸してくれます。

誰もが健康で、幸福に暮らしています。すべてのことが宇宙の正しい秩序の流れに従っています。どんなこともうまくいきます。これは、わたしたちにとって真実なのです。

Time

時間

あなたが実行していることは、
目標ではなく、過程です。
こうやって人生は営まれるのです。
どれくらい時間がかかるかは
重要ではありません。
世の中にはたっぷり時間があるのですから。

015

わたしは今、適切な時間にここにいます

誰もが永遠に終わりのない旅の途中にいます。

この地球で過ごす時間はほんのわずかにすぎません。

わたしたちがこの地球に生まれたのは、教訓を学び、成長を遂げ、愛する能力を高めるためです。

生まれてから死ぬまでの時間には、正しいも、間違いもありません。ただわたしたちはそこで、自分をさらに深く愛することを学び、周りにいるすべての人たちにもその愛が伝わるように、もっと深いレベルで心を開けるようになっていくのです。

この地上を去るときにあなたが持っていける唯一のもの、それは愛する能力です。

今日、地球を去るとするなら、あなたはいったいどれくらい愛を持っていくことができますか？

Prosperity

成功

自分に訪れてくる繁栄を
素直に受けいれ、
感謝すれば
ますます成功が訪れてきます。

016

わたしはいつも信じられないほど素晴らしい贈り物を受け取っています

繁栄は交換するものではありません。あなたがそれを手にすることになったなら、余計なことは考えず、素直に受けいれることにしましょう。友人からプレゼントをもらったり、ランチに誘われたりしたなら、すぐにそのお返しをする必要はありません。まずは素直に、喜んで受け取りましょう。

贈られたものが、あまり好みではなかったり、必要ではなかったりしても、「喜んで、ありがたく受け取らせてもらいます」と言ってください。お礼の言葉を述べたうえで、ほかの人に手渡せばいいのです。人にものを贈られるのはいいことです。ほかの人に渡したとしても、自分を恥じたり、罪の意識を抱いたりする必要はありません。

喜んで、受け取る姿勢が大切なのです。

Winning

勝者

話を聞くなら、
勝者の話に耳を傾けましょう。
つまり、自分が何をしているかが
きちんとわかっていて、
それに誇りを持っている人の話に
耳を傾けるのです。

017

わたしは生まれついての勝者です

自分を愛せるようになると、力がみなぎってきます。なぜなら、「愛」は人を犠牲者から勝者に変える力があるからです。

自分を愛することは、あなたに素晴らしい経験をもたらします。自分自身を素晴らしい人間だと思っていると、自然と魅力的な人間になっていきます。なぜなら素晴らしいオーラに包まれるからです。そういう人はいつも人生で勝利を収めます。

わたしたちは、進んで自分を愛することを学ぶことも、勝者になることもできるのです。

第 2 章

愛・人間関係

Love & Relationships

Grief

愛惜

どんなに悲しい出来事も、
前向きに、
きちんと取り組むことで、
最高の贈り物に変えることができます。

018

わたしは愛の光を輝かせます

苦しみ、恐怖、悲しみといった暗闇のなかにいても、そこに光が差し込むと、それほど孤独を感じなくなります。

その光を誰かが灯した愛の輝きだと思ってください。光はわたしたちに、温もりや安らぎを与えてくれます。

誰もが、心のなかに愛の光を灯しています。その光を輝かせましょう。それは自分を励ますだけでなく、あなたの周りにいる人にも大きな安心感を与えます。

わたしたちは皆、この世を去っていった人のことを覚えているものです。今、その人が光り輝く姿を思い描いてください。その人の愛に包み込まれることで、言葉にできないほどの安心感を覚えるのではないでしょうか。

このような愛は、誰でも惜しみなく与えることができます。そして与えれば与えるほど、愛の力は強くなります。

もちろん、傷つくことがまったくないわけではありません。しかし痛みを感じたことにも感謝してください。自分を慰め、安らぎを手に入れましょう。あなたにはそれができるのです。

Love
愛

自分自身を愛し、
他人を愛することで
得ることができるボーナスのひとつは、
ものすごく気分をよくしてくれることです。

019

わたしの愛は無限です

わたしたちはこの世界でほんとうに多くの愛に恵まれています。心のなかにも愛がいっぱいです。

しかし、この真実を忘れてしまうことがあります。そんなに愛されていないとか、愛なんてほんのわずかしか残っていないなどと考えてしまうのです。この誤った考えのためにわたしたちは、自分の所有物を溜め込んで、手放すまいとやっきになってしまいます。

実のところ、愛を外に注ごうとすればするほど、心のなかの愛は豊かになっていきます。愛を与えることで、愛を受け取れるようになることに気づきましょう。

愛は無限で、永遠です。

愛とはこの世の中でも最も効果のある癒しの力です。

愛がなければ、人は生きていくことはできません。小さな赤ちゃんは愛や慈しみを与えられなければ、衰弱し、死んでしまいます。

愛がなくても生きていけると考える人は少なくありませんが、それは無理な話です。

愛とは、人を癒す力です。毎日、できるかぎり愛を深めていきましょう。

Love

愛

少なくとも一日三回、
両腕を大きく広げて、
こう言ってみましょう。
「わたしはすすんで愛を招き入れます。
愛を受けいれるのは安全なことです」

020

わたしには愛される価値があります

愛されるということは、呼吸をするのと同じように自然なことで、あなたに与えられた権利です。

息をする権利があるのは、あなたが生きているからです。

愛される権利があるのも、あなたが生きているからです。

このことを理解しておけば大丈夫です。あなたには自分を愛する価値があります。

あなたをダメな人間だと思わせようとする、社会や両親や友人のネガティブな意見を受けいれてはいけません。

あなたは愛すべき存在です。

この真実を受けいれ、認識してください。そうすれば、人々もあなたを愛すべき人物として扱ってくれるようになっていくでしょう。

Loving World

愛ある世界

瞑想をするたびに、
癒しのための場面を思い描くか、
地球全体を癒すための言葉を唱えてください。
あなたと志を同じくする世界中の人々と
つながっていけるでしょう。

021

わたしは互いに愛しあえる安全な世界をつくっていきます

わたしたちは互いに愛しあえる安全な世界を築く一助になることができます。このような素敵な世界が実現すれば、ありのままの自分が愛され、受けいれてもらえるでしょう。それは、子供のころ、誰もが望んでいた理想です。

大切なのは、もっと背が高かったり、賢かったり、かわいらしかったりすることではありません。いとこや姉妹や向かいに住む隣人のような人になることでもありません。ありのままの自分が愛され、受けいれてもらうことです。そしてこの望みは大人になっても変わらないのです。

しかし、**まず自分自身を愛さなければ、他人から愛されることはありません。**

自分自身を愛することができれば、愛されるだけでなく、他人を上手に愛せるようになります。自分自身を愛せるようになったとき、自分も他人も傷つけることはなくなります。あの集団がダメだ、この集団もダメだといった偏見や思い込みはすべて消えていきます。

誰もが驚くほど美しい存在だと気づくことは、世界平和への一歩です。安心して、お互いが愛しあえる世界を目指しましょう。

Relationships

人間関係

誰もが教師であり、学生です。
自分自身に尋ねてみましょう。
「わたしはここに何を学びにやってきたのか？
ここに何を教えるためにやってきたのか？」と。
人との愛情に満ちた人間関係は、
想像できないほど
多くのことを教えてくれるでしょう。

022

わたしの人間関係はすべて、愛の輪で広まっています

あなたの家族を愛の輪で囲んでください。生きている人だけでなく、亡くなっている人も入れましょう。みんな入れてください。そうしたら次は、友人、恋人、配偶者、仕事の同僚、そして忘れたくても忘れられない人も、この輪に加えましょう。

では、こう宣言してください。

「すべての人と、とても親しい素敵な人間関係を築いていて、お互いに、尊敬しあい、いたわりあっています」

威厳、平和、喜びを抱きながら、生活することは可能です。この愛の輪で地球全体を囲んでしまいましょう。

心を開いてください。

あなたの心のなかには、無条件の愛が置かれている空間があります。あなたは愛される価値があり、美しく、才能にあふれています。それがあなたの真実の姿なのです。

Family

家族

家族から愛され、
受けいれてもらいたいと思うなら、
あなたが家族を愛し、
受けいれてあげなければいけません。

023

わたしは家族に愛を捧げます

次のことが真実なのを、きっとあなたはわかっているでしょう。次の言葉を宣言しましょう。

「誰もが特別な家族に恵まれているわけではなく、また誰もが心を開ける特別な機会を得られるわけではありません。

わたしたちは隣人の考えにも、社会の偏見にも縛られることはありません。そのような限界をはるかに越えた関係を築いているのです。わたしたちは愛から生まれた家族であり、一人ひとりがかけがえのない個性的な存在で、お互いを誇りを持って迎えいれています。

わたしは特別な存在で、愛される価値があります。素晴らしい家族全員を愛し、受けいれています。家族もまた、わたしを愛し、敬意を払ってくれます。

わたしは安全です。わたしの世界ではすべてがうまくいきます」

Parents

両親

大人になると、わたしたちは
幼いころに過ごした家庭の雰囲気を
再現したくなるみたいです。
父親と母親の関係や
自分と親との関係を
再現しようとするのです。

024

わたしは自分の力で決断します

多くの人が、両親と権力闘争のゲームを演じています。

争いのきっかけは、ふつう両親からつくられます。

このゲームをやめたいと思うなら、あなたのほうからこのゲームを切り上げなくてはいけません。

今こそ、大人になって、自分の望みを自ら決断するときです。

親子ではなく、三人の大人の関係を始めましょう。

Mother

母親

理想ではなく、
ありのままの両親を尊敬しましょう。
無条件に愛情を捧げたうえで、
あなたが望んでいることを
はっきりと主張するのです。
そうすれば、
両親との仲はよくなっていくでしょう。

025

わたしは母とお互いに役に立つ関係をつくります

あなたはお母さんと、どのような関係でいたいですか？

その関係をアファメーションの形にして、宣言してください。そうすれば、お母さんともスムーズに話しができるようになるでしょう。

それでもまだうまく話せず、お母さんが怒っているようなら、あなたの気持ちは伝わっていないのかもしれません。アファメーションを繰り返しましょう。

あなたには、自分が望んでいる人生を送る権利があります。大人になる権利があるのです。それは簡単にはいかないかもしれません。しかし、自分に何が必要なのか決断してください。

なかなか認めてもらえないかもしれませんが、引き下がらず、思いきって自分が必要なことを話しましょう。どうすればこの状況をよくすることができるかを尋ねたうえで、こう伝えるのです。

「お母さんを愛したいし、素敵な関係を築きたいと思っています。でも、自分に嘘はつけません」

father

父親

今、あなたは
両親や祖父母とどのように接していますか？
年をとったとき、
あなたはきっと子供や孫から
同じ接し方をされることでしょう。

026

わたしは父に対し、深い思いやりを持っています

お父さんとの間に何か「確執」があるなら、そのかつての問題を解決するために、心を落ち着かせて、じっくりと話してみましょう。

お父さんを許すか、または自分自身を許してください。

そして、ありのままのお父さんを愛していることを伝えてあげましょう。

心のなかをきれいに片づけられたなら、自分には素晴らしいことをすべて手に入れる価値があると思えるようになります。

Growing Up

大人

わたしたちは成長して、
愉快に、どんな限界も突き破れる存在に
なることができます。
そういう存在になれることに、
わたしたちはずっと気づいていました。

027

わたしは自分を無条件に愛します

あなたは、子供時代にずっと恐怖や争いごとのなかにいませんでしたか？　そのために、今でも自分を精神的に責めたりしてはいないでしょうか？

もしそうであるなら、あなたのインナーチャイルド（内なる子供）は、大人になってもずっと昔と同じように自分のことを扱っています。そのため、心のなかにいる子供は行き場を失ってしまっています。

自分にたっぷりと愛情を注いであげてください。そうすることで、周りの大人たちによってつくられた限界を突破することができます。それが唯一のトレーニング法なのです。

長い間、いい子でいたあなたは、お父さんやお母さんの言いつけをずっと守っていました。でも、もう大人になりましょう。

自立して、自力で生活していける大人の決断を下すときです。

Childhood

子供時代

あなたの両親は、あなたに対し、
彼らが身につけた知性と意識を最大限に活用し、
できる限りのことをやってきました。
ただし、自分が知らないことは
何ひとつあなたに教えることはできませんでした。
あなたの両親が自分を愛していないのなら、
どうして、自分の愛し方を
あなたに教えることができるでしょう。

028

今、わたしは素晴らしい未来をつくり出しています

あなたの子供時代が、どんなに恵まれていたにせよ、悲惨を極めていたにせよ、今の人生に責任を負っているのはあなた自身にほかなりません。両親や子供時代の環境を非難しながら人生を送ることもできますが、そんなことでは、いつまでも犠牲者のままです。それでは、自分が望んでいることは実現できません。

今、考えていることが、あなたの未来をつくります。

後ろ向きのつらい人生を送るか、無限の喜びにあふれた人生を送るかは、今現在の考え方次第で決まります。

あなたはどちらの人生を選びますか？

Children

子供

子供はいつも親の真似をするものです。
もしあなたが自分を愛せないのなら、
その原因を調べて、
その障害をすすんで取り除きましょう。
そうすれば、
あなたは子供の素晴らしい見本になり、
自分を愛せる人間に
子供を育てることができるでしょう。

029

わたしは子供とわけへだてなく話しあいます

子供とつねに話しあう手段をつくっておくことはとても大切です。十代の時期には、とりわけそれが大事です。

子供は大人から、次のようなことを言われがちです。

「そんなことを言ってはいけません」
「そんなことをしてはいけません」
「そういう振る舞いはいけません」
「そんな言い方をしてはいけません」

「いけません」のオンパレードです。

こうして子供は心を閉ざし、大人と話をしなくなってしまいます。

子供が大人になったとき、親は「うちの子はまったく電話をしてこない」とこぼすようになりますが、それは、ある時期に、連絡手段が断ち切られてしまったからなのです。

Other People

ほかの人

あなたの友人を全員癒してあげようと
頑張りすぎないでください。
あなたの心のなかを探り
まずは自分を癒すことです。
これが、周りの人々にとっても
いい結果を及ぼすことになるでしょう。

030

わたしはほかの人の
ありのままの姿を尊重します

人を無理に変えさせることなどできません。相手が聞く耳を持ってくれるなら、変えてもらえそうな空気を漂わせることはできるでしょう。しかし、あなたができるのはそこまでです。あなたが、その人に代わって何かをすることはできません。

誰もが、自分なりの課題に取り組むために生まれてきました。ですから、もし、あなたが代わりにやってあげられたとしても、相手はやり直しをすることになるのです。自分でやらなくてはいけないのに、それをしなかった当然の報いです。

わたしたちがほかの人に唯一できることは、愛してあげることです。ほかの人にも、ありのままの姿でいさせてあげましょう。

真実はその人自身の心のなかにしか存在していません。

誰であれ、その気になりさえすれば、いつだって自分の力で変わることができるのです。どうかこのことを理解し、信じてください。

Harmony

調和

あなたの人生のすべて、
つまりすべての経験、すべての人間関係は
あなたの内面で進行している
心のパターンを映し出す鏡です。
このようなパターンをよい方向に変えていくとき、
心のなかに調和が生まれてきます。

031

わたしは調和のとれた人間です

次のように宣言しましょう。

「わたしは、完全で完璧で十分な状態でいます。わたしは、宇宙の流れのなかで、あらゆることで完璧な成果を出すことができます。すべての行動、発言、思考は宇宙の真理と一致しています。

ですから、混乱や無秩序、不調和、不敬、不信をもたらすあらゆる考えや振動といった困難や変化が起きても、問題ありません。

マイナスの思考は、意識から完全に取り除くことができています。

おかげで、誰とでも良好な関係を結ぶことができます。皆、喜んでわたしと一緒に働き、ともに過ごしてくれます。自分の考えやアイデアも、快く受けいれられ、理解してもらえます。わたしは愛情深く、陽気な人間で、とても好かれています。どんなところでも、喜んで歓迎されています。わたしの世界ではすべてがうまくいき、人生はつねにますますよくなっていきます」

Trust
信頼

他人を信頼できないのは、
もしかしたら、あなたが自分自身を
助けてあげられるだけの
存在ではないからかもしれません。
つまり、自分を支えようとも、
励まそうともしていないのです。
しかし、自らを助けてあげられる人間になり始めれば、
あなたには自信が芽生えてきます。
そして自分を信頼できるようになれば、
他人も信用できるようになるのです。

032

わたしはより大きな力とつながっています

今こそ、自分自身の持つ力や、自分が実行できることについて学ぶときです。


あなたは何を捨てられますか？

自分の心のなかで育てられるものは何ですか？

何をつくり出せますか？


この世のすべてのものは、あなたに利用してもらうために存在しています。人生はあなたを支えるためにあるのです。

恐れていることがあるなら、呼吸に意識を向けてみましょう。吸ったり、吐いたりするときに、一回一回、注意してみるのです。空気は人間が所有しているもののなかで最も貴重な基礎物質で、惜しみなく与えられています。生きている限り呼吸は止まることはありませんが、空気は無限に与えられているので、何も考えることなく呼吸を続けられるのです。

それならば、空気以外に必要なものも、同じようにたっぷりと与えられていると信頼してみたらどうでしょう？

Unconditional Love

無条件の愛

あなたは自分自身と
最高の友になろうとしています。
一緒にいると最も楽しくなれる人は、
あなたなのですから。

033

わたしは今すぐ自分を愛し、受けいれます

多くの人が、やせたり、新しい仕事や新しい恋人を手にいれたりしなければ、自分を愛する気にはなれないと言います。しかし、そう思っているために、自分を愛することはいつも先のばしにされてしまうのです。

では、新しい仕事や新しい恋人を手にいれたり、やせたりしたら、どうなるでしょう？

実際は、相変わらず自分を愛せないのではないでしょうか？

なぜなら、また新たなリストを作成し、自分を愛することを再び先のばしするようになるからです。

自分を愛するための唯一の時間は、まさに今、この瞬間をおいてほかにありません。

無条件の愛とは、ありのままの自分を受けいれる愛のことを言うのです。

Unity
統一

わたしたちの誰もが、
地球に対する意識の最先端を走っています。
愛がひとつにまとまれば、
世界中の兄弟姉妹と
ひとつになることができるのです。

034

わたしは地球に住むすべての人とひとつに結ばれています

この世に「対立する力」というものは存在しません。善と悪はないのです。

在るのは、「ひとつの無限のスピリット」と、あらゆる方法でそのスピリットから知識や知恵、方法を与えてもらい、それを利用するチャンスを持っている人間だけです。

あなたが「部外者」について話題にしたとしても、ほんとうは「身内」について話しているのです。なぜなら、私たちは民衆であり、政府であり、教会であり、地球の一員でもあるからです。

「あいつは悪魔だ」「そいつはよそものだ」とあまりにも軽々しく口にされますが、それは誤りです。実際にはつねに「身内」の一人なのです！

第3章

許し・自由

Forgiveness & Freedom

Guilt

罪悪感

いくら罪の意識を抱いても
誰の気分もよくはならないし、
状況を変えることもできません。
罪の意識を抱くのはやめましょう。
罪悪感という牢獄から抜け出すのです。

035

わたしは、どんな自分も許します

多くの人が罪の意識という暗く垂れこめた雲の下で暮らしています。いつも「自分が悪い」と感じているのです。正しいことをしたとは思えません。いつも謝ってばかりです。

こんなことでは、過去の出来事をいつまでたっても許すことはできないでしょう。

あなたは自分だけでなく、他人のことも同じように扱おうとしていませんか？　これでは、罪の意識はなくせません。

かつて後悔したことは、もう二度とやらなければいいだけの話！　迷惑をかけた相手に対して償いができるなら、償ってあげましょう。しかし、それができないのなら、二度と同じあやまちを起こさないことです。

罪の意識を抱くと、自分に罰を与えようとしてしまいますが、それが苦しみの原因になっているのです。

もう苦しむことはありません。

自分を許してあげましょう。

他人も許してあげましょう。

自らつくってしまった牢獄から抜け出すのです。

Acceptance

受容

鏡をのぞいて言ってみましょう。
「ここに映っているありのままの自分を愛し、
受けいれます」
心のなかに何が起こりますか?
どんな気持ちになったでしょう。
気持ちの動きに注意してください。
その気持ちがあなたの問題の
本質を突いているかもしれません。

036

わたしは自分のあらゆる部分を受けいれます

自分を癒し、元気にするのに最も効果的なのは、自分に関するあらゆる部分をすべて受けいれることです。うまくいってもいかなくても、受けいれます。恐怖のどん底に突き落とされても、誰かを愛しているときも、ひどく愚かで馬鹿げたことをしたときも、頭がさえわたって賢く振る舞えたときも、すべて受けいれるのです。恥をさらしたときも、勝ち誇っているときも同じです。**どの時間もすべて自分の一部なのです。**

わたしたちに起こる問題のほとんどは、自分のなかのある部分を拒否することから生まれます。では、なぜ拒否してしまうのかというと、自分自身を無条件に、きちんと愛せていないからです。

自分の過去を、豊かで、素晴らしい満足のいく時代だったと考えてください。過去は恥だなんて思ってはいけません。この豊かで、満ち足りた過去がなければ、今の自分はここに存在してはいないのですから。

自分のすべてを受けいれることで、あなたは元気を取り戻し、癒されていきます。

Acceptance

受容

自分のことを完全に、完璧に、
十分に愛せないのは、
過去のある時点で、
自分を愛せなくなってしまったからです。
しかし、愛は取り戻すことができます。
そのためには、
今すぐ、自分にやさしく接することです。

037

わたしは自分でつくり出したものはすべて受けいれます

ありのままの自分を愛し、受けいれましょう。どんなときも、自分を支え、自分を信頼し、受けいれるのです。

あなたは心のなかの愛へと入っていくことができます。胸に手を当ててみると、そこに愛が存在しているのが感じられるでしょう。そこには、あなたを受けいれてくれるたくさんの部屋が存在しています。ですから、身体、体重、身長、外見、性別、そして経験など、自分のためにつくられたあらゆるものを、過去から現在にいたるまですべて入れておくことができるのです。

もちろん、これから起こる未来もすすんで認めましょう。あなたは生命の崇高な表現者であり、最高のものを手に入れる価値を持っています。今すぐ、この真実を受けいれましょう。奇跡も癒しも受けいれましょう。すべてを受けいれるのです。とりわけ大切なのは、自分自身を受けいれてあげることです。

わたしたちはかけがえのない貴重な存在です。今の自分を大切に思っています。まさにそれは真実です。

Accidents

不測の事態

不測の事態に陥ってしまうと、
自分の欲求不満を他人のせいにしてしまいます。
しかしそれでは、自分の力を
放棄してしまうことになります。
わたしたちを思い通りに操れる人は、一人もいません。
そんな場所もありません。
何が起きても、自分は自分です。
心のなかで考えているのは、
自分だけなのですから。

038

わたしは自分を積極的に表現します

アクシデントが起きたり、人から攻撃されたりすると、心の深いところに、罪の意識が芽生えます。自分を罰したくなることもあるでしょう。このような状況では、相手への敵意はかなり抑えられます。なぜなら、自分には意見を率直に述べる権利はないと感じてしまうからです。

一方、攻撃する側に回った場合には、表現されない怒りにも対処していることが多くなります。なぜなら、そのような怒りを表現する機会が与えられるからです。

心のなかには、もっと多くの「問題」が存在しています。アクシデントとはたんなる不測の事態ではありません。

もしこのような事態が発生してしまったなら、心のなかをのぞいて、自分の思考パターンを眺めてみてください。そして相手に愛を授け、その経験をすべて手放しましょう。

Mistakes

あやまち

悪いことをしてしまったと思ったとき、
自分に罰を与える手段を
見つけようとしていませんか？

039

わたしはすべての限界を突破します

ひとつひとつの経験が人生の踏み台です。

この経験には、いわゆる「あやまち」も例外なく含まれています。

自分の犯したすべてのあやまちを愛してあげましょう。どれもあなたにとってはたいへん貴重な体験でした。そこから多くのことを教えてもらえたのですから。

あやまちは自分を学ぶための方法です。ですから、失敗して自分に罰を与えるような真似はやめましょう。

自分自身を愛し、学ぶことで、成長していこうという心構えを持ってください。

Criticism

批判

人を判断したり、
批判したりするたびに、
あなたは何かを送っています。
しかしそれは、
やがてあなたのもとに
戻ってくるのです。

040

わたしは自分自身でいることが大好きです

誰にも批判されずに人生を過ごせるとしたなら、どんなに素晴らしいことか、想像できますか？

安心し、すっかりくつろいでいられたなら、どれほどいいでしょう？

朝、目を覚ましたとき、今日は、素晴らしい一日になると予想できるはずです。なぜなら、誰からも愛され、自分をけなすような人は一人もいないからです。ほんとうに素晴らしい気分に浸れるでしょう。

いいですか？

あなたは自分で、この素晴らしい経験をつくり出すことができます。

自分のする経験を、今まで想像もできなかったほど、最高に素敵な出来事にすることができます。

朝、目を覚まして、新しい一日を過ごすことに喜びを感じることができるのです。

Criticism

批判

批判ばかりする人は、
自分にもたくさんの批判を引き寄せてしまいます。
なぜなら批判することが、
その人の行動パターンだからです。
彼らはいつも完璧でなくてはいけないと思いがちです。
しかし、この世界に
完璧な人なんているのでしょうか？

041

わたしはありのままの自分を愛し、受けいれます

誰にでも、日常生活のなかで、受けいれられないとか、好ましくないと考える部分があるでしょう。

実際に自分に何か怒りを感じている部分があると、人間は自分を粗末に扱ってしまいがちになります。過度の飲酒や喫煙、過食などというのは、実のところ自分を責める行動以外の何ものでもありません。

とりわけ自分に大きなダメージを与えるのは、自分を批判することです。批判することをきっぱりとやめてしまいましょう。そうすれば、人から批判されることもなくなります。

自分以外のすべての人は、自分の姿を映し出す鏡です。

他人のなかに見えている姿は、自分のなかにも見ることができます。人に不満を言うとき、実際には自分自身に不満を述べているのです。

ほんとうに自分のことが大好きで、受けいれることができるようになれば、不満をもらすことはなくなり、自分を傷つけることも、人を傷つけることもなくなります。

もう二度と自分を批判したりしないと、誓ってください。

Deserving

価値

わたしたちはつねに正しいことを
信じているわけではありません。
ときに誤って、他人の恐怖を
信じてしまうようなこともあります。
自分の考えを見直す機会をつくってみましょう。
そしてネガティブな考えを変えていくのです。
あなたにはそうするだけの資格があります。

042

わたしは素晴らしい人生を送るのにふさわしい人間です

自分は幸せになれるわけがないと思っていませんか？

人生で素晴らしい成果を挙げても、そんな愚かな考えを持ち、口にする人がいます。

なんということでしょう。それは、自ら幸せを妨げる行為です。自分は幸せになれるだけの価値がないと思い込んでいては、せっかくの幸運も土台から崩れ落ちてしまいます。

生きていれば、自分を傷つけたり、病気で倒れたり、事件に巻き込まれたりしてしまうことだってあるでしょう。

だからこそ、素晴らしい幸運を与えられたら、それを否定しないでください。自分はその幸運にふさわしい人間だと信じましょう。

Deserving

価値

わたしたちは幼いころに信念体系を学びました。
それ以後、わたしたちは
その体系に一致するような経験をしながら
人生を歩んでいます。

043

わたしは喜びを手に入れるのにふさわしい人間です

「満ち足りない」思いを胸に抱きながら過ごすのも仕方がない――そう思っている人は少なくありません。そんな人こそ、「実際には、自分には価値がある」ことを示してくれるアファメーションを積極的に唱えるようにしましょう。

「子供のころ、〝親に教えられた〟限界をすすんで突破していきます」と宣言するのです。

鏡を見つめて、自分に向かってこう言いましょう。

「わたしには素晴らしいものを手に入れる価値があります。成功して、喜びや愛を手に入れるのにふさわしい人間です」

両腕を大きく広げて、こう言いましょう。

「わたしはオープンな気持ちで、すべてを受けいれます。わたしは素晴らしい人間で、素晴らしいものをすべて受け取る価値があります。それを素直に受けいれます」

Forgiveness

許し

許す方法を知る必要はありません。
許そうと思うだけでいいのです。
そうすれば、自然とうまくいきます。

044

わたしは過去の経験をすべて許します

「許す」という言葉で、あなたは誰を思い浮かべますか？　それはどのような体験でしたか？　過去にいつまでも縛りつけているのは何ですか？

許そうとしなければ、あなたは過去にしがみついてしまい、今に意識を集中できなくなってしまいます。今という時間に生きられなければ、未来を築き上げることはできません。

許すということは、あなた自身への贈り物です。許すことで、過去を手放すことができるからです。わだかまりをなくしてしまえば、今を生きられるようになります。自分や他人を許すことで、あなたは自由になれるのです。

許すことで、驚くほど素晴らしい解放感が生まれます。

誰かを許すには、まず自分を愛することです。そして自分を許し、他人を許すことで、今という瞬間に集中できるようになるでしょう。

みんなを許し、自分を許してください。過去のすべての経験を許しましょう。そうすることで、あなたは自由になれるのです。

Releasing the Past

過去との決別

定期的に心の大掃除をして、
過去のガラクタを捨ててしまいましょう。
自分には合わなくなったり、
あまり役に立たなくなったものは処分してください。
積極的で、すぐれた考えを磨き上げて、
もっともっと利用しましょう。

045

わたしは過去と決別し、人生のプロセスを信頼します

つらい思い出の扉は閉ざしてしまいましょう。

痛みや傷となってしまった過去の出来事――なかなか許せなかったり、目をそむけたくなるような出来事をずっと抱え込んでいてはいけません。

そんなときには、自分に問いかけてみましょう。

「この出来事をどれくらい引きずっている？」

「過去に起こった出来事のせいで、どれほど苦しめば気がすむの？」

それでは、目の前に川が流れている景色を思い浮かべてください。そして、この傷となってしまった過去の経験や苦しみ、忘れられない出来事を取り出して、すべてこの川に流してしまいましょう。分解して、下流に流し、完全に溶かして、消してしまうのです。

あなたには捨てる才能があります。これであなたは自由です。

Affirmations

アファメーション

アファメーションを唱えると、
潜在意識に
何らかの影響がもたらされます。

わたしはオープンな気持ちですべてを受けいれます

人生によいことを起こそうとして、アファメーションを唱えながらも、自分にはそれだけの価値がないと思ってはいませんか？

そうだとするなら、そのアファメーションが実現することはないでしょう。

このような人は、やがて「アファメーションは役に立たない」と口にするようになります。

しかし、うまくいかなかったのは、実際は、アファメーションとはまったく関係がありません。願望をかなえるだけの価値が自分にはないと思っている点に問題があるのです。

Freedom

自由

あなたは完全に自由な
スピリットの一部になる選択を
することができます。
ひとつの領域で自由になれたなら、
たくさんの領域で自由になることができます。
さあ、自ら自由になる決意をしましょう。

047

わたしは自由です

次のように宣言しましょう。

「わたしは純粋なスピリットであり、光であり、エネルギーです。

わたしは自由な人間です。感情も、人間関係も、身体も自由なのです。

人生も自由です。

わたしは、あらゆる限界や恐怖をすべて手放します。これでもう行き詰まってしまうことはなくなります。

自分の人格をはるかに上回る力を発揮し、問題や病気に完璧に対応することができます。

わたしは自由になる決意をし、自由を最大限に謳歌します。あるひとつの領域で自由になれたのなら、ほかの領域でも自由になることができます。

わたしの内なる声は、わたしを導き、案内し、大きな助けになってくれます。わたしはつねに守られていて、安全です。

自分を愛することで、わたしは自由になれます。愛こそが自由を与えてくれる最大の力なのです」

Fun

楽しさ

毎日、あらゆる手段を使って
自分を楽しむことで
自分にやさしくしてあげましょう。
思う存分、楽しむのです。

048

わたしは人生を楽しくすることができます

あなたはもう大人です！　やりたいことは何でもできます。自分が満足できることを実行すれば、かならず、素晴らしいことが起こります。それがあなたを成長させる方法なのです。そうすれば、楽しいという言葉が口から出る回数も増えていきます。もっと楽しんでもいいという気持ちになっていきます。そして楽しめば楽しむほど、より多くの人から愛されるようになるのです。

ありのままの自分を愛し、認めてあげれば、気分もよくなります。

楽しいことだらけの世界では、すべてがうまくいくのです。

Letting Go

手放す

変えたいと思っている習慣やパターンがあるなら、
まず、それが自分にどれだけ
役立っているのか考えてみましょう。
そして、自分に尋ねるのです。
「いったい何をやめるのか？」
「やめてしまったらどうなるのか？」
多くの人が「人生はもっとよくなる」と答えてくれます。
なぜ、自分にはもっとよい人生を送る価値などないと
思い込んでいるのでしょう？

049

わたしは現状をつくり上げているものを手放します

わたしたちが習慣やパターンをつくるのは、それが何かしら自分の役に立つからです。

人間は人に罰を与えたり、愛したりします。そして、唖然としてしまうことに、親を罰したり、愛したりすることが、実に多くの病気の原因となっているのです。

たとえば「わたしは父に愛されているから、父と同じように糖尿病になってしまうだろう」といった無意識の思考パターンが、糖尿病を引き起こすことがあるのです。

わたしたちがネガティブな考えを抱きやすいのは、人生のいくつかの領域をきちんと扱う方法を知らないからです。

ぜひ自分自身に問いかけてください。

「何を悔やんでいるのか？」

「誰に怒っているのか？」

「何を避けようとしているのか？」

ほんのささいなことでも、手放すことで、人生は大きく変わります。あなたはその事実にきっと驚くことでしょう。

Letting Go

手放す

あなたは個人の信念だけでなく、
家族や社会の信念も抱いています。
考えとは、人から人へ
広がっていくものなのです。

050

わたしは十分に満ち足りています

心のなかに「まだ足りない」「十分とは言えない」と語りかけてくる考えがあるなら、「こんな考えは捨てよう。もうそんなことを考える必要などない」と自分に言いきかせてください。その言葉と戦ってはいけません。それは難しいことではありません。考えを変えさえすればいいのです。

あなたは人生を楽しむために生まれてきました。どこにいても手に入れられる豊かさと成功に向かって、歩み出そうとしています。

今、ここで「わたしには成功する価値があります。幸福になる資格を備えています」と主張しましょう。それはあなたが生まれながらに持つ権利なのです。

こう宣言したことで、意識のなかでこの言葉はすでに実現しています。次は、経験として実現する番です。

Releasing the Cause

原因を手放す

快く、深呼吸をして、
ネガティブな思考パターンや習慣を
手放しましょう。
そうすることへの抵抗も断ち切るのです。

051

わたしはすすんで、今の状況をつくってしまった原因を手放します

ネガティブな信念がどれほど長い間、潜在意識に植えつけられていたとしても、自分はそんな考えには束縛されないと宣言しましょう。

人生のなかでネガティブな状況をつくってしまう原因となった意識パターンを手放しなさい。そしてネガティブな状況はもう必要なくなったと、はっきり自分自身に言ってあげるのです。

その原因が消えていき、影も薄れていき、何もない白紙の状態に戻っていくことに気づきましょう。

もう古いガラクタに支配されることはありません。

これであなたは自由の身になれます！

Opening to the New

新しいことを受けいれる

精神的な成長は、
まったく予期せぬ方法で
訪れます。

052

わたしは人生の新しい扉を開きます

あなたは人生という廊下に立っています。背後には、あなたが閉ざした扉がたくさん並んでいます。この扉をいったん閉じてしまえば、それまでのように行動したり、話したり、考えたりするものはなくなります。もう以前の経験もなくなってしまうのです。

一方、前方の廊下にも、無数の扉が存在しています。そのひとつひとつが新しい経験に向けて開かれています。前に進んでいけば、あなたが実現したいと望んでいた素晴らしい経験に通ずる様々な扉が開かれていることがわかります。心のなかにいる案内人が、手を引き、最も素晴らしい道に案内してくれると信じてください。あなたは精神的にますます成長を遂げることができるのです。

どの扉を開き、どの扉を閉じようと、いつも安全は確保されています。あなたは永遠であり、つねに新しい経験を味わっていくことになるのです。

喜び、平和、癒し、成功、愛に導いてくれる扉が自分に開かれるのを思い描いてください。理解の扉、共感の扉、許しへの扉、自由への扉、自信と自尊心と自己愛の扉……。

あなたの前には、素晴らしい扉が並んでいます。まずは、どの扉を開きますか？

Opening to the New

新しいことを受けいれる

恐怖が生まれてしまうのは、
自分の人生がきちんと営まれているという
信頼がないからです。
今度、恐れてしまうような事態が訪れたなら、
こう言ってみましょう。
「わたしは人生の流れを信じています」

053

わたしの経験は すべて正しいです

生まれた瞬間から、わたしたちはいくつもの扉を開いてきました。

誕生は大きな扉で、そこを開くことで大きな変化が生じました。わたしたちがこの世に生まれ落ちたのは、人生を経験するためです。両親を選び、多くの扉を通過してきました。

わたしたちはこの人生を豊かに過ごすのに必要なものをすべて備えています。知恵、知識、能力、才能を持っています。そして愛情をはじめ自分に必要な感情も備えています。

人生はわたしたちを支えてくれます。この真実を理解して、信じましょう。

扉はつねに閉じたり開いたりしますが、冷静さを保っていられるのなら、どの扉を開いても安全でいられるのです。

変化を経験するのはいいことです。**今日は新しい一日です。**これからも新しい素晴らしい経験を手に入れていくことでしょう。

わたしたちは愛されています。守られています。まさにそれは真実なのです。

Responsibility and Blame

責任と非難

犠牲者を演じるのは
たいへん心地よいものです。
そうすれば、いつも人のせいにできます。
しかしあなたは独り立ちし、
責任の持てる人間に
ならなくてはいけないのです。

054

わたしには変えていける力があります

責任と非難の違いがわかりますか？

責任について語るとき、実際には、「変える力がある」ことを話題にしています。一方、非難について語るときは、「何かまたは誰かが間違えている」ことを話題にしています。

責任は「贈り物」です。なぜなら、責任には変えていけるだけの力が与えられているからです。

ところが残念なことに、責任を罪悪感のことだと勘違いしている人がいます。このような人は、どんなことも罪の意識を基準に受け止めてしまいます。それは、自分をどんどん「間違えている」ことにしてしまいます。これも非難のひとつと言えるでしょう。

犠牲者になるのは、ある面では素晴らしいことと言えるかもしれません。なぜなら、ほかのすべての人に責任を押しつけるため、自分を変える必要がないからです。その余地もないでしょう。罪悪感を抱いていると主張するときも、変えるチャンスはそれほどありません。情報を受けいれるか、受けいれないかのいずれかしかないのです。そんな人は放っておきなさい。彼らが罪悪感を覚えるのは、わたしたちの責任ではないのですから。

Saying No

「ノー」と言う

「ノー」と言えない人がいます。
このような人は、「ノー」と言うために
病気や事件といった理由が必要です。
けれども、自分が納得できないことには
「ノー」と言っていいのです。
自分を信じましょう。

055

自分にとって最善のものでなければ、遠慮なく「ノー」と言います

誰かからアツアツのジャガイモを投げられたなら、あなたはどうしますか?

手にやけどを負いながら、ジャガイモを受け取りますか?

なぜ受け取ったりするのでしょう?

たとえ贈り物だとしても、あなたには拒む権利があります。そのことにお気づきですか?

自分が納得できないものにはすべて「ノー」と言うことができます。

「ノー」と言える自由と権利があなたにはあるのです。

招待状、贈り物、提案などすべてのことに「ノー」と言うことができます。

自分の心と自由意志に従って、自分が正しいと認識していることを実行に移しましょう。

Self - Righteous Resentment

独りよがりの憤り

仕返ししても絶対にうまくいきません。
復讐は割に合わないものです。
なぜなら表に出した感情は、
自分のところへ戻ってくるからです。
責任はどこかで
取らなくてはならないのです。

056

わたしは苦しみをすべて手放して、自分を許します

痛みや怒りにかかわる過去の出来事にしがみつき、今この瞬間を味わうことができないと、今日という一日は無駄になってしまいます。

長年、恨みや悪意を持ち続け、ずっと忘れずにいるなら、他人ではなく自分を許さなくてはいけません。

古傷を抱え込んだままでいるということは、自分に罰を与えているのと同じです。

あなたはしばしば、独りよがりの憤りという牢獄にとらわれてしまうことがあります。

あなたは正しくありたい、幸せになりたいと願っていますか？

そう思うなら、自分を許すことです。そして、もう自分に罰を与えるのはやめましょう。

Resentment

憤り

憤り、批判、罪悪感、
恐怖といった負の感情は、
自分自身の経験を他人のせいにして、
責任を取ろうとしないことが原因で
生まれてきます。

057

わたしの原動力は愛です

心のなかから、すべての恨みや憤りを手放してしまいましょう。

「わたしはすべての人を完全に許します」と宣言してください。

人生のいずれかの時点で、何かしら傷つけられた人のことを考えるなら、その人を愛し、解放してあげることです。

あなたに属するものを奪う権利は誰にもありません。自分が所有すべきものはすべて、宇宙の原理にのっとって、かならずあなたのもとに戻ってきます。戻ってこないものがあるとするなら、それはなくても別にかまわないものです。この事実を冷静に受けいれてください。

憤りをなくすことはとても重要です。

自分を信用してください。あなたは安全です。あなたは、愛によって動かされています。

Shoulds

義務

ある考えやパターンを
変えるのは簡単だと
信じることを選びましょう。
それが実行に移すべき選択なのです。

058

わたしには いつも選択肢があります

多くの人が、自分とは誰かという質問に対して、的外れな回答をしています。そして、人生でどう生きるかに関して杓子定規な規則にがんじがらめにされているのです。

自分の語彙から「すべき」という言葉を永遠になくしてしまいましょう。この言葉は、わたしたちを囚人にしてしまいます。この言葉を使うたびに、自分も含めた誰かを悪人に仕立て上げることになってしまいます。実際には、「これではダメだ」と言っているようなものです。

では、あなたの「すべき」のリストから、何を省きますか？

「すべき」という言葉を「できる」という言葉に置き換えていきましょう。

「できる」という言葉にすると、選択肢が用意されます。それは、自由に選んでもいいということを教えてくれます。

あなたが無無やりやらなくてはならないことなど、ひとつもありません。選択肢はいつも用意されているのです。

Solutions

解決

悪い習慣や困った問題がつくられてしまうのは、
自分の心のなかにある
欲求を満たそうとするためです。
しかし、欲求を満たすための
健全な手段を見つけさえすれば、
そんな問題は解決できます。

059

どんな問題にも解決策があります

どんな困難な問題にも、かならず解決策が存在します。限界のある人間の頭に頼ってしまうことはありません。なぜなら、わたしたちは普遍的な知性とつながることができるからです。

わたしたちの原点は、心のなかにある愛情に満ちた空間にあります。その空間からあふれてくる愛情が、あらゆる扉を開いてくれることに気づいてください。

人生のなかで遭遇するあらゆる困難や危機を乗り越えることのできるパワーが、この場所にたっぷりと蓄えられているのです。

すべての問題は世界のどこかで解決しています。ならば、同じことがあなたに起こったとしても不思議ではありません。そう思いませんか？

わたしたちは愛という繭に包まれています。ですから、ずっと安全でいられます。

Uniqueness

個性

隣人が何を考えているのか、
とても気になってしまうものです。
わたしたちは「みんなは自分のことを
認めてくれるだろうか？」
と自分に問いかけます。
誰もが、ほかにはない個性を持っています。
だからこそ、わたしたちは
自分らしさを発揮できるのです。

060

わたしは唯一無二の存在です

あなたは、あなたの父親でもなければ、母親でもありません。親戚の誰かでもないし、学校の先生とも違います。

あなたはあなた以外の何者でもないのです。

あなたは唯一無二の特別な存在で、自分だけの才能と能力を持っています。

あなたとまったく同じやり方でものごとを実行できる人は一人もいません。

ですから、人と比べようとするなど、土台無理な話なのです。

あなたには、自分を愛し、受けいれるだけの価値があります。素晴らしい人間で、自由な存在です。

これが自分についての新しい真実であると認めましょう。

まさにこれは真実なのですから。

第4章

癒し・健康

Healing & Health

Affirmations
アファメーション

アファメーションを唱える瞬間、
あなたは犠牲者の役割を捨てています。
もうお手上げの状態ではありません。
自分が主導権を握っていることに
気づき始めるからです。

061

わたしは癒しの階段を一歩昇っています

アファメーションは癒しの第一歩です。これにより道が開かれ、突破口がつくられます。

あなたは潜在意識に向かって、「わたしは責任を負っています。ですから、自分を変えるためにできることがあると知っています」と話しかけているのです。

アファメーションを唱え続けていけば、どんなに苦しい状況に置かれても、そこから立ち直る態勢が整えられ、やがてそれが実現するか、新しい道が開かれることになるでしょう。素晴らしいひらめきが湧いてきたり、友人がアドバイスをしてくれるかもしれません。

このように、アファメーションによって、癒しを得るための次のステップへと進んでいくことができるのです。

Energy

エネルギー

足取りが弾んでいるのを
感じてみましょう。
自分の輝く瞳を見てみましょう。
キラキラした自分が、
今ここにいます。

062

わたしは健康で、エネルギーに満ちあふれています

わたしたちの身体には、生きるのに適した条件がそろっています。そう自分に宣言し、気づかせてあげましょう。

自分の身体に敬意を表し、十分にいたわってあげてください。

わたしたちは無限のエネルギーとつながっていて、このエネルギーを自分の身体へと受けいれています。この素晴らしいエネルギーは、毎日、完璧に維持されています。

こう宣言しましょう。

「わたしは光り輝き、活力に満ち、生き生きしています」

まさにそれは真実なのです！

Healing

癒し

癒しとは、
自分自身のすべての部分を
受けいれることです。
自分の好きな部分だけでなく、
すべてを受けいれてあげるのです。

063

わたしは、あらゆるレベルで自分を癒すことができます

今は、思いやりと癒しが重要な時です。心のなかに分け入って、癒し方を知っている部分とつながりましょう。あなたならできます。あなたは今、癒しのプロセスにいるのですから。

では、あなたの持つ癒しの能力を見つけ出してください。この能力は素晴らしい効果を発揮してくれます。

あなたは信じられないほど大きな能力に恵まれています。すすんで新しい段階に入り、今まで気づかなかった能力を発見してください。

わたしたちは、考えられるすべてのレベルで自分を癒すことができます。

あなたはスピリットであり、自由に自分を……そして世界を……救うことができます。まさにこれが真実なのです。

Healing Atmosphere

癒しの雰囲気

病気は、許すことのできない感情から
つくり出されることが多いものです。
許すことは行動を大目に見ることではありません。
それではまったく解決にはなりません。
最も許せないと思っている人こそ、
手放さなくてはいけないのです。
恨みを許して、水に流してしまうのは、
ガンのような病気をなくすのにも
効果があるでしょう。

064

わたしは奇跡を引き寄せる磁石です

「わたしは規則や規制、制限や限界を絶対に認めたりしません」

そう宣言し、意識を変えて、許さなくてはいけない人を許してあげてください。

そうすれば、癒しによる奇跡が起こり始めます。

予期せぬ素晴らしいことが、今日、自分に起こります。

愛や包容力、寛容といったやさしさが、一日のどの瞬間にも、ちょっとした奇跡を引き起こす磁石の役割を果たしてくれます。あらゆる場所には、癒しの雰囲気が漂っています。それがすべての人々に、祝福と安らぎをもたらしているのです。

Healing Energy

癒しのエネルギー

心に変化を起こさなければ、
病気が再発するか、
新しい病気ができてしまいます。
でもわたしたちは、
自分で癒すことができるのです。

065

わたしは全身を光で振動させます

心の奥深くにある、鮮やかに輝く小さな光の点を見つけてください。このとてもきれいな色のついた部分が、愛と癒しのエネルギーのまさしく中心部です。

この光の点が動き出し、大きく振動し、心いっぱいに広がるまで観察してください。そして、この振動を頭のてっぺんからつま先まで、全身に伝えていきましょう。

あなた自身も輝かせるこの美しい色彩を帯びた光は、あなたの愛であり、癒しのエネルギーです。身体をこの光で振動させていきましょう。

そのとき、「わたしは息をするたびに、ますます健康になっていきます」と唱えましょう。

その光が身体から病気を洗い落としてくれる気分を味わってください。

その光を自分のなかから、部屋全体や社会に、そしてこの世界のどこか特別な場所へと広げていきましょう。

愛と癒しのエネルギーが大きく事態を変えていく力となるのです。

Healing Hands

癒しの手

すべての病気には、
学ばなくてはいけない教訓が
含まれています。
この教訓を心に留められたら、
あなたの人生は改善されていきます。

066

わたしの手は素晴らしい癒しの道具です

「手かざし」はごくふつうに行われている療法で、その起源はひじょうに古い時代にさかのぼります。身体が傷ついたとき、最初にすることは傷んだ箇所に手を当てて、気持ちを落ち着かせることです。自分自身にエネルギーを与えてください。深呼吸をして、緊張をほぐしたり、恐怖や怒り、痛みを鎮めたりして、心から愛を注げるようにするのです。心を開いて、愛が身体を流れるようにします。

あなたの身体は、この癒しのエネルギーが何をしてくれるか、そして、どのように利用するかをきちんとわかっています。

愛の光、美しくほんとうに素晴らしいこの光があなたの心から広がっていることに気づきましょう。その光をあなたの心から腕へ、そして手のなかにまで流していきます。さらには、共感や理解や思いやりとともに、この光を全身に浸透させていくのです。

自分が完全な状態に戻り、癒されている姿を思い浮かべてください。手にはパワーが満ちあふれています。安らぎや安心感に包まれ、人からは思いやりを持たれています。

あなたは愛を受け取り、大切に扱われるにふさわしい人です。その事実を素直に受けいれましょう。

Healing Partnership

癒しのパートナー

自分を癒し、
成長させてくれる人を
自分の力で集めることができます。
彼らはわたしたちの健康と幸福を
支えてくれる人たちです。

067

わたしに触れるすべての手は「癒しの手」です

誰もが宇宙に愛されている、とても重要な人物です。

自分に対する愛を深くすればするほど、宇宙もその感情を正確に映し出し、愛をはるかに豊かに増やしてくれます。

宇宙のエネルギーはいたるところに存在しています。

愛情深い癒しの力は、医学の専門家を通して広まっています。自分の身体に触れるすべての手には、癒しの力が備わっているのです。

わたしの周りには、ひじょうに優れた癒しの方法を身につけた人たちが集まっています。わたしは、医療従事者全員が自身の持つ癒しの力を高められるように協力しています。

医者や看護師は、癒しのチームの一員として働くわたしの能力に、どうやらとても驚いているようです。

Health

健康

人生のほかのすべての面と同じように、
身体もあなたの内面の思考や信念を
映し出す鏡です。
すべての細胞は、
あなたが考えるすべての思考や
あなたが話すすべての言葉に
反応しているのです。

068

わたしは身体のメッセージにじっくりと耳を傾けます

変化の激しいこの世の中、あらゆる領域に柔軟な態度で対処することを選びましょう。よりよい人生や世界をつくり出すために、自分と自分の信念を変えていくのです。

身体は、どんな扱いを受けても、あなたへの愛を失うことはありません。身体はいつもあなたと連絡を取り合っています。

では、今、身体が知らせてくるメッセージに耳を傾けてみましょう。すすんでこの内面からのメッセージを受け取ってください。注意を払い、治療が必要ならきちんと治療します。

最高の健康状態に戻すために、あらゆるレベルで、身体にするべきことをしてあげましょう。必要なときにはいつでも、あなたが持っているこの内面の力に頼ることです。

Health
健康

健康とは疲れ知らずで、食欲が旺盛なこと、
しっかり眠れて、すっきり目覚めること。
記憶力がよく、
素晴らしいユーモアがあること。
思考や行動に迷いがなく、
正直で、謙虚で、
感謝の気持ちを抱き、
愛に満ちていること。
さあ、あなたの健康度はどのくらいですか？

069

わたしの心と身体とスピリットは健康のために組織されたチームです

身体はいつもあなたに話しかけてきます。

ちょっとした痛みやだるさといった身体からのメッセージを受け取ったとき、あなたはどうしますか？

ふつうは薬を飲むでしょう。しかしそれは実際には身体に「黙りなさい！　あなたの話は聞きたくないから、話しかけないで！」と言っているようなものなのです。これでは身体を愛していることにはなりません。

最初に痛みやだるさを感じたり、ちょっと調子がおかしいなと思ったときは、腰を下ろして、目を閉じ、極力、冷静になって、「何を知らなくてはいけないのか？」と自分に問いかけるべきなのです。

数分間、身体に耳を傾け、答えが出るのを待ちます。

すると「少し横になっていよう」といった簡単な答えが出てくるかもしれませんし、もっと深刻な答えが返ってくるかもしれません。

長く健康でいたいなら、あなた自身が身体、心、スピリットの癒しチームの一員にならなくてはいけないのです。

Holiday Season

休暇

今こそ、愛のエネルギーを全身に流しましょう。
わたしたちがこの地球に生まれてきたのは、
自分を含むすべての人を
愛で包み込むためなのです。

わたしは愛のエネルギーを全身に注ぎます

子供時代に、最も素晴らしかった奇跡のような休日は、どんな日でしたか？

その日のことを思い出してください。その記憶を心のなかに呼び覚まし、その場面をはっきりと眺めてみるのです。景色、におい、味、肌の感覚やそこにいた人々にいたるまで思い出してください。そこではどんなことをしましたか？

もしあなたが、子供のころ、一度も素敵な休暇を過ごせなかったというのなら、想像してみましょう。自分が理想とする休暇を心に描いてください。それが特別な時間だと思えるならば、あなたの心は開かれています。おそらくこの特別な休暇シーズンで最も素晴らしいことのひとつは、その空間が愛に包まれていたということです。愛のエネルギーを全身にみなぎらせてください。心のなかに、お世話になったすべての人を招待し、全員を愛で包んでください。

この特別な休暇で抱いた感情をいつも感じられるようにしましょう。その感情は休暇が終わってもずっと心に留めておくことができます。

あなたは愛であり、光であり、エネルギーです。まさにこれが真実なのです。

Home

家

現状を脱したいなら、雨露をしのいでくれる家に
まずはきちんと感謝しましょう。
間違っても、「こんな家、大嫌いだ」と
言ったりしてはいけません。
なぜなら、そんな言葉を口にしていれば、実際に、
ほんとうに望んでいるものは
見つけられなくなるからです。
自分を素晴らしい新しい場所に向けるようにするには、
今、自分のいる場所を愛することです。

071

わが家は身も心も安らぐ場所です

あなたの家を眺めてみましょう。

ほんとうに住みたい場所ですか？　快適で、楽しい場所ですか、それとも狭苦しくて、不潔で、散らかり放題ですか？

自分の家の居心地がよいと思えなければ、楽しむことはできません。

家は自分の姿を映し出す鏡です。室内はどんな状態ですか？

押し入れやクローゼットにしまいっぱなしの服は、売るか、あげるか、ゴミの日に出しましょう。部屋に新しい空間をつくるために、不用品は処分するのです。そのとき、「わたしの心の押し入れもきれいにしています」と言いましょう。

冷蔵庫も同様です。入れっぱなしの食べ物や残り物は片づけましょう。

押し入れやクローゼット、冷蔵庫が散らかっている人は、心も乱れているものです。

あなたの家を素敵な場所に変身させていきましょう。

Overweight

肥満

それが何であれ、
やめられない悪習があるならば、
まずは、自分を卑下することはやめましょう。
その代わりに、意識のなかにある
悪習の原因を探るのです。
それは、そのままにしておいていいものですか？

072

わたしの世界は安全で、恐れる必要などありません

不安や恐れを感じると、自分を過度に防衛しようとします。その保護が肥満につながるのです。

ほとんどの人は、自分が太ってしまったことに憤り、食べすぎたことに罪悪感を抱いて日々を過ごしていますが、実際は、体重は食べることとはまったく関係ありません。

肥満の原因は、人生に対する不安にあるのです。

あなたが太りすぎなら、体重の問題はいったん脇に置いて、まずはそれ以外の問題に取り組むことにしましょう。

あなたは、「わたしは守ってもらわなくてはいけない」「わたしは不安だ」と日々、口にしていませんか？

体重が増えても、怒ったりしてはいけません。なぜなら、人間の細胞は思考パターンに反応してしまうからです。保護してもらう必要がなくなり、安心感が芽生えていけば、体重はひとりでに減っていくでしょう。

「体重に問題があったのは過去のことです」と言うようにしましょう。そうすれば、行動パターンが変わっていくはずです。今日、選んだ考えが、明日以降のあなたの姿をつくっていくのです。

Overweight

肥満

何かに依存している人は、
ふつう自分自身から逃避して、
心に穴をあけています。
心のなかにできたその空白を満たすために、
何かに依存してしまうのです。

073

わたしはすすんで恐怖を手放します

あなたはやせるために、我慢強く、数カ月、禁止されたものを一切口にすることなく過ごしているかもしれません。しかし、あいにく、気持ちがゆるんだ瞬間、体重はもとに戻ってしまいます。ほんとうの問題に取り組もうとしない限り、これは続くでしょう。

体重に関するほんとうの問題は、多くの場合、恐怖にあります。自分を恐怖から守ってもらおうとして、脂肪が蓄積されてしまうのです。

ほんとうの問題に手つかずのままでは、どんなに努力しても体重を減らすことはできず、自分はダメな人間だと思い込んだままで一生を終えてしまうことになるでしょう。

しかし、安心感を得たいという願望を、もっと前向きな手段で実現できれば、体重はひとりでに減っていきます。

次のように言ってみましょう。

「体重にこだわるのをもうやめにします。代わりに、すすんで恐怖を手放します。そして保護してもらいたいという願望からも自由になります。私は安全なのですから」

Peace

安らぎ

心の安らぎを得るためには
心のなかをのぞいてみるのがいいでしょう。
自分自身を深く見つめるたびに、
信じられないほど美しい宝が
手に入ることになります。

074

わたしは最も深い安らぎのなかにいます

次のように宣言しましょう。

「外界に影響を及ぼされることはありません。わたしは自分という人間に責任を持ち、内面生活を守っています。なぜなら、わたしをつくり出してくれるのは心だからです。自分の心を安らげるために必要なことは何でもやります。心が平和であることは、健康と幸福のために不可欠です。自分の内面に赴いて、心のなかにある静寂が支配する、穏やかな空間を見つけ出します。そこにいると、私のストレスはなくなっていきます。

そこでは、優雅で、楽しい音楽が聞こえているかもしれません。

この心のなかにある空間では、どんなことをしていても安らぎを得ることができます。安らぎのなかにいるおかげで、わたしは創造力を存分に発揮しながら活動して、人生を堪能することができます。

内面の平安は外界にも影響を与え、わたしはつねに穏やかでいられます。不和や混沌も、わたしにはまったく関係ありません。

ですから、わたしは、自分自身のために安らかでいることを宣言します。周りに何が起ころうとも、わたしは穏やかで、安らいだ状態でいます。わたしにとって、それこそが正しい在り方なのです」

Relaxation

リラクゼーション

リラックスして、
人生を楽しみましょう。
あなたにとって必要なものはすべて
適切な時間と空間に
自然とあらわれてきます。

わたしの心は安らいでいます

今日のあなたは、昨日のあなたとは違う新しい人間です。

リラックスして、身体からすべてのストレスや圧迫を解放しましょう。どんな人も、どんな場所も、どんなものも、あなたを苛立たせたり、困らせたりすることはできません。あなたの心は安らいでいます。

この世界は、心のなかに宿る愛や理解を映し出しています。あなたはこの世界で自由に過ごすことができます。何ものにも逆らわず、生活の質を向上してくれるあらゆるものに素直に従えばいいのです。

自分の世界や思考を、未来を形づくるための道具として利用しましょう。あらゆることに感謝しながら、リラックスし、穏やかな人生を送ってください。

Sleep

睡眠

身体と同様に、
心とスピリットを回復させるためには
眠りが必要です。
恐怖や困難な状況の重荷を外し、
穏やかな眠りに身をゆだねましょう。

076

わたしは問題を解決して、安らかに眠ります

睡眠は自分自身を回復させ、一日を締めくくるための時間です。身体の疲れを自力で修復し、活力を取り戻し、気分も一新されます。心が夢の状態に入ると、一日の問題は解決され、新しい一日の準備が整えられます。

眠りに入るときは、明日という新しくて素晴らしい一日と素敵な新しい未来をつくるために、ポジティブな考え方をしましょう。

怒りや非難を感じているなら、手放してしまいましょう。恨みや恐怖も投げ捨ててしまうのです。

心の片隅に、罪悪感を抱き、自分に罰を与えようとする気持ちがくすぶっているなら、それも退治しましょう。

ゆっくりと眠りに落ちるときは、安らぎだけを感じるようにしましょう。

第 5 章

成長・幸福

Growth & Happiness

Affirmations

アファメーション

自分が信じていることが
わかっていますか？
それに気づくことで、
自分にとって
役に立っていない信念は
変えることができるのです。

077

わたしは、心のなかに浮かんでくる答えには、簡単に気づけるようになります

鏡の前でアファメーションをするときは、かならずメモ用紙と鉛筆を手元に置くようにしましょう。ネガティブなメッセージが浮かんできたときに、書き留めておくためです。

そのメッセージにすぐ取り組む必要はありません。後で、ゆっくりと落ち着いて、メモしたことを調べてみましょう。

このネガティブなメッセージのリストをつくっておけば、自分の願望が実現できない理由が理解できるようになります。気づかないままでいると、このような不快なメッセージは、よほどのことがない限り変えることはできません。

Anger
怒り

怒るたびに、
あなたは人生のなかで
もっとたくさん
怒れるものが欲しいと
宣言しているのです。

078

怒りは、自分のある部分を守ろうとしていることが原因です

怒りは人間にとって正常で、当たり前の感情です。ふつう、人間は繰り返し同じことで怒っています。しかし、怒っていることを人に気づかれまいとして、この感情を抑えていると、抑圧された怒りは、身体のなかの特定の部分に溜まってしまいます。それがやがて病気となって外にあらわれてくるのです。

人は何年もかけて、怒りを同じ部分にずっと溜めこんでしまいます。ですから、癒すために、自分の本心を吐き出してしまいましょう。怒りの原因となった当人に感情を直接ぶつけることができないなら、その人物を思い浮かべながら鏡に向かって話しかけてください。そこですべてをぶちまけるのです。怒りをすっかり吐き出してしまうまで、話し続けましょう。

次に、深呼吸をして、鏡を見ながら、「この状況がつくり出されるパターンは何ですか？　この状況を変えるために、何ができますか？」と自分に問いかけましょう。

怒りの原因となる思考パターンを変えることができれば、もう同じ怒りを繰り返す理由はなくなります。

Anger

怒り

最もやってはいけないことのひとつは、
自分に怒りをぶつけることです。
怒ると、人間はひとつの型に
がっちりとはめられ、
同じことを繰り返すほかなくなってしまいます。

079

わたしは自分らしさを自由に発揮します

怒りを抑えて、身体に溜めこんでしまってはいけません。腹が立ってしまったなら、身体のこわばりをほぐしましょう。

怒りを積極的に解消するために、利用できる方法はいくつかあります。窓を閉めた車なら、大声で叫ぶこともできます。ベッドや枕を叩いたり、蹴とばしたりすることもできます。物音を立てながら、言いたいことをすべてぶちまけることだってできます。顔を枕に押し当てて、叫ぶこともできます。ジョギングやテニスなどスポーツでエネルギーを発散させてもいいでしょう。

怒っていてもいなくても、せめて週に一度くらいは、身体に溜めこんだ緊張を解くために、ベッドや枕を叩くのもいいかもしれません。

Being Enough

完璧

欠点のない人間になるまでは、
自分を愛してはいけないと
思っているならば、
あなたはずいぶんと
人生を無駄にしてしまうことになります。
わたしたちは今、ここで
すでに完璧な存在なのですから。

080

わたしは今のままで完璧です

あなたは大きすぎも、小さすぎもしません。まさに自分にぴったり合った人生を送っています。

自分とは何かを、誰かに証明してもらう必要などありません。ほかの人になりたいと憧れてはいけません。なぜなら、それはあなたが演ずべき一生ではないからです。

あなたは、今を完璧に生きることができれば、それでいいのです。

もっとよくしたいと焦ることはありません。

あなたがやるべきは、昨日よりも今日の自分を愛せるようになることです。自分をもっと深く愛すべき人物として扱いましょう。

愛は、自分の素晴らしさや偉大さを実現するのに必要な栄養素の役割を果たしています。自分自身をもっと愛せるようになるとき、ほかのすべての人をもっと深く愛せるようになるのです。

つねに愛を込めて、みんなと美しい世界を築き上げていきましょう。全員が癒されることで、地球も癒されます。まさにそれは真実です。

Beliefs

信念

人生はシンプルです。
そんなに複雑なものではありません。
わたしたちは、
自分の持つ思考や感情のパターンによって
経験をつくっています。
自分自身や自分の人生で
信じていることが、現実になるのです。

081

わたしは自分のために新たな素晴らしい信念をつくり出します

毎日、考えたり、話したりしていれば、人生で役に立ついくつかの信念をご紹介しましょう。

・わたしはつねに安全です。
・知らなくてはならないことは、すべて自分に明らかにされます。
・必要なものはすべて完璧な時間と空間に、きちんとした順序で、わたしのもとにやってきます。
・人生は喜びであり、愛に満ちあふれています。
・どこに向かおうと、わたしは成功します。
・わたしは自ら変化を起こし、成長していきます。
・わたしの世界では、すべてがうまくいきます。

Negative Thoughts

マイナス思考

自分は悪い人間だと思っていると、
ネガティブな感情が生まれてきてしまいます。
しかし、自分を悪いと思っていなければ、
ネガティブな感情が起こることはありません。
頭を切り替えれば、
感情もその頭に従ってくるものです。

082

これからは自分の素晴らしい面だけを見るようにします

あなたの心や人生から、消極的で、破壊的で、恐怖をもたらす考えや思考をすべて取り除くことを選んでください。自分を傷つけてしまう思考や会話を耳にしたり、話題にしたりしてはいけません。

傷つけられるという考えを拒絶すれば、誰もあなたに危害を加えることはできません。

どんなにまともなことのように思えても、自分の利益にならない感情に浸ることは拒絶しましょう。自分を怒らせたり、怖がらせたりしようとすることはすべて却下します。破壊的な考えで心をかき乱されることはないのです。

いくら罪悪感を抱いたところで、過去を変えることはできません。ですから、人生でつくり出していきたいものだけを考え、話すようにしましょう。

必要とするものは、すべて与えられます。あなたは安全で、あなたの世界ではすべてがうまくいくのです。

Change

変化

人生を変えるためには、
自分の内面を変えましょう。
すすんで変えていこうという意志を抱いた瞬間、
宇宙は驚くべき方法で必要なことを教えてくれ、
あなたを助けてくれるのです。

083

変化はすべて簡単に起こせます

自分を変えていこうとしても、期待通りの方向に向かうまでには、かえって物事が悪くなってしまうこともあります。

しかし、そうなったとしても気にしてはいけません。プロセスの始まりにはこういったことはつきものです。それは、からまった古い糸のようなものだと思ってください。ほどきさえすればいいのです。これで事態は動き出します。

学ばなくてはいけないものを身につけるには、時間と努力が必要です。

変化はすぐには日の目を見ないかもしれません。

イライラしてしまうのは、学ぶことに抵抗している証拠です。きちんとプロセスを踏まずに、目標を求めているとこうなってしまいます。

一歩一歩、着実に学んでいきましょう。前に進むにつれて、学ぶことは楽になっていきます。

Change

変化

「すすんで変えていく」と言ってみましょう。
この言葉を口にするのをためらっていませんか？
何か嘘くさいと感じてはいませんか？
ためらいを感じてしまうのはなぜでしょう？
覚えておいてください。
そんなのは、ひとつの考えにすぎません。
そして、考え方は変えられるのです。

084

ひとつの扉が閉まるとき、別の扉が開かれます

人生は扉を閉めたり、開けたりすることの連続です。

ひとつの部屋から別の部屋に移動すると、以前とは違った経験を味わうことができます。それまで抱いていた多くのネガティブな思考パターンや古くて邪魔な考えが、もはや自分のためにならず、無益なものであるならば、扉を閉じて締め出してしまいましょう。

新しい扉を開き、新たな素晴らしい経験――有益な経験や、愉快な経験を見つけ出していくのです。

それが人生です。

あなたの人生は、何が起ころうと安全で守られています。ですから、恐れることなく、自らの手で変化を起こしていけばいいのです。

この地球に生まれたときに開かれた最初の扉から、この世を去るときに開かれる最後の扉まで、わたしたちはつねに安全な状態にいます。やるのは変化を起こすことだけです。

わたしたちは内なる自分とうまくつきあっています。いつも安全で、何の不安もなく、愛されているのです。

Change

変化

あなたが考えようとしていることを
穏やかに
揺るぎなく主張すれば、
変化は素早く
すんなりと実現されるでしょう。

わたしはすすんで変化を起こしていきます

両手を組んだとき、どちらの親指が上になりますか？

では手をほどいて、今度は逆の親指を上にしてみてください。どのような気持ちになりましたか？　どんな違いがありますか？　おそらく何かおかしく感じたことでしょう。

再び、手をほどいて、もとの親指を上にして握り、次に二度目の両手の組み方をし、また最初の組み方にしたら、どのように感じますか？　さほどおかしくは感じなくなるのではありませんか？

新しいパターンを学ぶときも同じことがいえます。つまり、多少、練習すればいいということです。

何かをやろうとするとき、「いや、このやり方は間違っている」と言っているようなら、もう二度とやろうとは思わず、もとの楽な状態に戻ってしまうでしょう。

少し我慢して、自ら練習する努力をすれば、新しいこともすんなりと取り組めるようになるものです。自分を愛することと同じくらい重要なものがあるというなら、多少、練習してみても損はありません。

Change

変化

人生を前向きに変える覚悟を固めたとき、
助けを必要とするものはすべて
わたしたちに引き寄せられてきます。

086

わたしはすすんで変化を起こし、成長していきます

わたしたちは全知全能ではありません。ですから、自分の知らない新しいことを積極的に学ぼうとします。

古い考えがもはや自分の役に立たなくなってしまえば、捨て去ります。自分の状況を眺めて、「もうあんなことはやらない」と自分から宣言します。

今以上の人間になれることはわかっています。

なにも、もっといい人間になるということではありません。そんな考えは、今の自分がダメな人間だと言っているに等しいことです。目標は「**もっと自分らしさを発揮できるようになること**」なのです。

そのために、たとえ心が痛むようなことがあったとしても、自分を成長させ、変えていくことで、気分はワクワクしていくことでしょう。

Change Your Thoughts

思考の変化

今、この瞬間、重要なのは、
あなたが選んでいる思考や信念や言葉です。
思考や言葉があなたの未来をつくり出します。
あなたが考えていることが、
明日、来週、来月、来年の経験を
形づくっていくのです。

087

考え方は変えることができます

ポジティブな考えを、何回ぐらい拒んだことがありますか？

それと同じように、あなたは自分についてのネガティブな考えもはねつけることができるのです。

「この考えを変えることなどできない」と言う人がいますが、そんなことはありません。変える決意をすればいいのです。

自分の考えと戦う必要はありません。ネガティブな声が心のなかに聞こえたときには、次のように言いましょう。

「ご忠告ありがとう。でも、わたしはほかのことをするのを選びます。だからもうこんな声は受けいれられません。考え方を変えたいと思います」

自分の考えと戦ってはいけません。ネガティブな考えに気づいたら、それを乗り越えていくのです。

Choice

選択

自分の言葉や話し方に
耳を傾けるようにしましょう。
そこでは、自分が現実になってほしくないことは
ひとことも言ってはいけません。
言葉、行動、思考は
自分で選ぶことができるのです。

088

わたしが実行することはすべて、自分で判断を下した結果です

あなたの語彙と思考から「しなくてはならない」という表現を取り除きましょう。

そうすることで、自らに課した大きなプレッシャーから解放されます。今まであなたは「起きなくちゃいけない」「こうしなくてはいけない」「やらなくては、やらなくては」と口に出しては、ひどいストレスを溜めていたのではありませんか？

こんな義務的な口調は使用禁止にして、「私は○○を選択します」という言葉に替えましょう。すると、人生が見違えるようになります。

実行することは、すべて自分が判断を下した結果なのです。そうとは思えないかもしれませんが、これが真実なのです。

Emotions

感情

もう自分を傷つけてはいけません。
そのためには過去の信念に
感情的に執着するのはやめることです。
今、この瞬間を
精いっぱい生きているなら、
どんな過去があったとしても
傷つくことなどありません。

089

わたしはいつでも安全です

感情を抑えたり、何かをずっと我慢し続けていると、心に大きな傷ができてしまいます。

自分にたっぷりと愛情を注ぎ、思いきって感情を表現してみましょう。アルコールのような依存性のあるものは、感情にふたをして、そのうち何も感じなくしてしまいます。

感情を表に出られるようにしてあげてください。そのためには、あなたは多くの古い感情を処分しなくてはいけなくなるかもしれません。

この感情を捨てる作業を簡単に、すんなりと、心地よく行うために、**「偽りのない感情をすすんで感じるようにします」**と何度か繰り返し宣言してみましょう。

そして、最も重要なことは、自分が安全であるということをたえず言い続けることです。

Expanding and Contracting

拡大と縮小

呼吸法の練習をして
自分を抑圧してきた障害を
取り除き、
突破口を開き、
そこを大きく広げていきましょう。

090

わたしは愛の息吹を体内に吸い込み、活力に満ちあふれています

あなたは広がりたいですか？　それとも、縮こまりたいですか？

自分の考えや信念そして自分に関するあらゆる面を広げていこうとすると、愛が自然とあふれてきます。一方、縮こまろうとすると、周囲に壁をつくり、そこに引きこもってしまいます。

肝を冷やしたり、脅威を突きつけられたり、うまくいかないと感じたりするときは、深呼吸をしてみましょう。意識して呼吸すると、あなたの心が広がっていきます。背筋が伸びて、胸もぴんと張ってきます。心の部屋も広がっていくのです。

取り乱しそうになったら、少し深呼吸をして、「縮こまりたい？　それとも広がりたい？」と自分に問いかけてみましょう。

Fear

恐怖

すごく順調にいっているとき、
ふと悪いことが起きて、
この幸運がすべて奪われてしまうのではないかと
不安になってしまうことがあります。
この不安の正体が恐怖です。
この感情が自信を失わせてしまうのです。
しかし、不安とは
何かに動揺しやすくしている自分の一部だと
認識するに留めることです。
そして不安を伝えてもらったことに感謝したら、
あとは別れの挨拶をしてあげましょう。

091

わたしはいつも完全に守られています

次のことを忘れないでください。

恐ろしいことが頭に浮かんでくるのは、自分を守ろうとするからです。

それが恐怖の正体ではないでしょうか？

恐怖を感じると、アドレナリンが分泌され、あなたを危機から守ろうとしてくれます。

恐怖には、「私を助けようとしてくれたことに感謝します」とお礼をしておきましょう。

次に、具体的な恐怖についてアファメーションを唱えてください。

恐怖を認め、感謝しましょう。ただし、あまり恐怖を大げさに考えてはいけません。

Thoughts

思考

いいことが人生に訪れても、
「これは嘘なんじゃないのか」と
疑いの言葉を口にしてしまうと、
文字通り、
幸運は逃げてしまいます。

092

わたしはポジティブなことをじっくり考えます

思考は水滴のようなものだと想像してください。

同じことを何度も繰り返し考えていると、とんでもなく大きな水たまりになってしまいます。最初は、小さな水たまりですが、やがてそれは池になり、何度も何度も繰り返すうちに湖になり、ついには海になります。

思考がネガティブなら、ネガティブな海で溺れてしまう恐れがあります。でもポジティブな思考であれば、人生の大海をのんびりと浮かんでいられるのです。

Observe Yourself

自己観察

人生で起きる出来事を観察し、
あなたという存在が
あなたの経験とは
別のものであることに
気づきましょう。

093

わたしは心のなかに起きていることに気づきます

世界で最も幸福で、実力のある人間でいられる空間に辿りつくためには、いったい何をすればいいのでしょうか？

心をさらに深く探ってみて、自分の考えや言葉を発信すれば、それが現実として戻ってくるという原理はもうおわかりでしょう。

そうしたら、自分自身をよく観察してみましょう。その際、判断も、批判も一切交えてはいけません。それが克服しなくてはいけない最大の難関のひとつではないでしょうか。ひたすら客観的に眺めることです——あなたに関するあらゆることを見つめましょう。批評もせず、先入観を持たず、ただ観察に徹するのです。

自分の心のなかに分け入り、起こっている事態に気づいてください。

自分の感じ方、反応の仕方、信じていることがわかれば、はるかに開かれた空間から情報が発信できるようになるでしょう。

Power of Your Word

言葉の持つ力

自分に言っていることにじっと
耳を傾けてみましょう。
ネガティブな言葉や限界をにおわせる言葉を
使っているのを耳にしたら、
別の言葉に置き換えてしまいなさい。

094

わたしはポジティブに話し、考えます

言葉の持つ威力を理解できたなら、話す言葉に注意を払うようになるはずです。あなたはいつもポジティブな言葉を使うようになるでしょう。

宇宙はいつもあなたが話していることをすべて本気だと思って、受けいれてしまいます。自分はダメな人間で、人生は絶対によくならず、願望はかなえられないと信じているなら、宇宙はこの考えに反応してしまい、そのネガティブな言葉を現実にしてしまいます。

あなたが変わり始めた瞬間、人生に素晴らしいことを実現しようという意欲を抱くようになるなら、宇宙も同じように反応してくれるでしょう。

Reprogram Negativity

性格改善

わたしたちは
最も学ばなくてはいけないことに、
最も抵抗を示してしまいます。
「できない」「やらない」と
言い張っているものは、
おそらく、あなたにとって
重要な課題なのです。

095

わたしは素晴らしい人間で、自分を誇りに思っています

ネガティブな信念をつくり変えていく作業には、素晴らしい効果があります。

そのための優れた方法が、テープに自分の声を吹き込むことです。アファメーションをテープに吹き込み、聴きましょう。この作業はかなり役立つはずです。

さらに大きな効果を発揮するテープをつくりたいなら、お母さんにも吹き込んでもらうことです。お母さんには、「あなたがどんなに素晴らしい人間か」「どれほどあなたのことを愛し、誇りに思っているか」、そして「あなたが何でもできる人間だとどれだけ強く信じているか」といったことを話してもらってください。

お母さんの声を聴きながら、眠りにつくのを想像してみましょう。

New Year's Resolutions

新年の決意

「わたしは喜びを追求します！
人生は今日を楽しむためにあるのです！」
これをあなたの
新しい年のモットーにしてください。

096

今年、わたしは心の奥を探って変化を起こします

多くの人が、年のはじめに誓いを立てます。しかし、心に変化を起こしていないので、その誓いはたちまち破られてしまうことになります。

自らすすんで心の奥を掘り下げて、内面に変化を起こしましょう。このワークをさぼっている限り、外界にはまったく変化はあらわれません。

変えていくのに必要なものはひとつだけです。それは、「考え方」です。これだけが問題なのです。自己嫌悪も、たんに自分に対する考えを嫌っているにすぎません。

今年、自分自身のために、積極的に、何ができるでしょう？

今年は、昨年できなかった何をやりたいですか？

昨年は、どうしてもできなかったけど、今年こそ捨てたいと思っていることは何ですか？

人生で変えたいことは？

この変化を実現するワークをしてみる気持ちはありますか？

Expression

表現

今日は、新しい一日です。
どんなことでもかまいません。
新たに、素晴らしいことを求め、
つくり出していきましょう。

097

わたしはほんとうの自分を表現します

次のように宣言しましょう。

「わたしは自然のエネルギーと一体であるという意識を持っています。そして、心のなかにある無限の力が、自分が望むすべてのものを生み出す原点であることにも気づいています。内なる声が発する言葉を無条件に愛し、すべてが真実であることを理解します。

わたしは、この世界を愛し、喜びとともに、わたしという存在の素晴らしさを発揮していきます。スピリットについての知恵と理解を深めていき、自分の本質である内面の美しさとその力を、毎日、存分に表現していきます。

あらゆるつきあいのなかで、知恵や理解や愛を表現していきます。

仕事では、精神的に豊かな意識が創造的エネルギーとして発揮されています。偽りのない言葉がやさしく、深い理解と英知をもって書かれ、話されています。楽しくて、気持ちを高めてくれる考えが意識のなかを流されると、次にアイデアとして受け取られ、最後にしっかり実行に移されていきます」

Expression

表現

自分に満足できる方法で、
自己を表現する権利を
あなたは生まれながらに
与えられています。

わたしは本来の自分の姿を自由に表現します

わたしたちはほんとうに恵まれています。なぜなら、ありのままの自分でいられるし、その姿を表現する素晴らしいチャンスも与えられているからです。

わたしたちは美しさと喜びを受け取ることができます。大いなる愛に守られて、やりたいと思うことは、どんなことでもできるのです。そして、その行動の結果はいつも、すべての人にとって完璧なものなのです。

わたしたちはいつも普遍的な知性とつながっている素晴らしい存在です。自分の存在に関するこの真実を喜び、受けいれ、流れに身をまかせましょう。

今、ここにある素晴らしい世界ですべてがうまくいきます。

もう、おわかりでしょう。

第 6 章

宇宙・精神

Universe & Spirit

Completion

完璧

あなたは無限のエネルギーと
つながっています。
ですから簡単で、早く、
完璧に前進できるのです。
この事実に気づき、
宣言してください。

099

今日は完璧な一日です

人生のどの瞬間も、完全で完璧で十分に満たされた時間です。不可能などありません。無限のエネルギーとあなたはつながっているのです。

朝、充実した気分で目を覚まします。今日、実行することは何であれ、きちんと完成できるのはわかっています。どんな瞬間も乱れることなく、呼吸は安定しています。目にするどんな場面も順調そのもの。口にする言葉も申し分ありません。取り組む仕事も、大きなことも小さなこともすべて満足のいく出来です。

あなたは人生という荒野にたった一人で戦いを挑んでいるわけではありません。ですから、助けてもらいたいと思えば、まだ見ぬたくさんの友人が導き、案内し、支援してあげようと待ちかまえています。

人生で実行するあらゆることが、簡単に、苦もなくできて、しかるべき成果を出してくれます。すべてのことが時間通りに、完璧な順番で進んでいきます。あらゆることが完成されるので、気分も良好です。これが完璧な一日です。

今日がそんな一日になると宣言してください。

Consciousness
意識

人間は全員、純粋な意識であることに
気づきましょう。
わたしたちはもはや孤独でも、
迷子でもなければ、
見捨てられてもいません。
生きとし生けるものと一体なのですから。

100

わたしは純粋なスピリットです

あなたの中心である心の空間の内部をのぞいてください。そこは純粋な光、純粋なエネルギーの部分であり、純粋なスピリットが存在する場所です。

あなたが安全で、癒され、回復するまで、制限がひとつひとつ取り払われる様子を心に思い描いてください。たとえ事態がどんなに困難であっても、あなたの存在の中心であるこの部分は、安全で、まったく傷ついてはいないことに気づいてください。これからもずっとこの素晴らしい状況は続くでしょう。

どんなにつらく苦しく思える生涯を送ろうとも、あなたのスピリットは美しく光り輝いていています。その光が闇に覆われてしまったように見えたとしても、自分という存在の真の美しさに目覚めたとき、光はまた明るく輝き始めます。

あなたは愛であり、エネルギーです。赤々と輝く、愛のスピリットです。あなたの光を輝かせてください。

Divine Right Action

行動

どこへ行き、誰と出会おうとも
愛や最高の出来事が
あなたを待ち受けていることに
気づくでしょう。

101

わたしは、わたしにふさわしい行動をします

すべては完璧で、完全で、十分です。

最高の善と喜びに役立つあらゆることに自分の嗜好を一致させることを選びましょう。生活の質はこの状態を映し出します。

自分、そして人生を愛するあなたは、いつも安全です。

あなたの世界ではすべてがうまくいきます。

Divine Right Order

秩序

バラはつねに美しく、
いつも完璧で、
たえず変化し続けています。
これがわたしたちの生き方なのです。
人生でどのような状況に置かれても
わたしたちはつねに完璧なのです。

102

わたしは、わたしにふさわしい場所にいます

すべての星や惑星が寸分たがわぬ軌道と自然の正しい秩序に従っています。

わたしたちもこの星や惑星と同じで、完璧な秩序のもとに生きているのです。

人間の限られた知性では、状況をすべて把握することは難しいでしょう。しかし、普遍的な知性から見れば、あなたは間違いなく適切な場所と時間に、適切なことを実行しているのです。

ポジティブな考えが、わたしたちが選択すべき思考です。今経験していることが、新しい意識とより輝かしい栄光に向けての足がかりとなるのです。

Divine Right Order

秩序

助けを求めなさい。
あなたが求めていることを
素直に話し、
流れに身をまかせましょう。

103

必要とするものは、最もふさわしい時間と空間に、わたしのもとにやってきます

アファメーションを唱え、願望リストを作成し、宝の地図を作成し、心のなかにそれを思い描き、日記に記す――この、願いをかなえるための一連の流れは、レストランに行くことにたとえられます。

ウェイターが注文を取り、厨房に行って、シェフに注文を伝えます。

注文した後は、あなたは席に座って、好きなことをしていましょう。食事が調理されているのはわかっているからです。二秒おきに、ウェイターに「まだ?」「シェフはどんな料理をつくっているの?」「厨房で何をしているの?」といちいち尋ねたりする必要はありません。注文すれば、料理が出してもらえるのはわかっています。

いわゆる宇宙のレストランもこれとかなり似ています。注文を出せば、調理されているのはわかっています。最もふさわしい時間と場所に注文の品は出てくるでしょう。

Natural Occurrences

自然災害

ほんとうに大好きなものを見つけて、
イメージしてみましょう。
花でも、虹でも、特別な歌でも、スポーツでも
あなたが大好きなものを見つけるのです。
好ましくない状況のときは、いつも
大好きなイメージを思い描きましょう。

104

わたしは自然と仲良しです

次の事実を宣言しましょう。

「わたしは自分を愛しています。わたしの世界ではすべてがうまくいきます。わたしは大切な存在で、生命の息吹をたっぷり吸い込むことで、身体と心と感情の緊張を解くことができます。恐れることなど何もありません。生きとし生けるもの、太陽、月、風、雨、大地、そして大地の動きともうまくつきあっています。大地を再び鎮めてくれる力は、私の友です。わたしは自然の力と良好な関係を保っています。わたしは素直に流れに身をまかせます。わたしは、いつも安全で、守られています。

安心して、眠りにつき、目を覚まし、活動しています。わたしだけでなく、友人や家族や愛する人も安全です。いつでも、どんな条件に置かれても、守ってくれるパワーを信頼しています。一体感と安定感をしっかり抱いています。どんな場所にいても、わたしは安全です。ただ変化していけばいいのです。自分を愛し、自分を認め、信頼しています。わたしの世界ではすべてがうまくいきます」

Eternal Life

永遠の命

わたしたちは
永遠に終わりのない旅を
続けています。

105

死は存在しません

スピリットは永遠に失われることのない人間の一部です。死すらそれを奪うことはできません。永遠に続いていく人間の部分なのです。

肉体とのつながりは絶たれてしまっても、あなたは亡くなった方のことを思うことがあるでしょう。つまり、わたしたちは、いつまでもつながりを保っているのです。失われることはありません。

死は消滅ではなく、エネルギーが絶え間なく循環するだけ、形が変わるだけにすぎないのです。

存在の本質であるスピリットはつねに安全で、守られ、生き生きしています。まさにそれが真実なのです。

Infinite Power

無限の力

失敗したときや、うまくいかないとき、
不満を言ったり、
ねたんだりして過ごすこともできます。
その一方で、
自分を愛したり、
陽気に考えたりして過ごすこともできます。
どちらが、素晴らしい人生を築き上げるために
選択できる最も手っ取り早い手段か、
おわかりでしょう?

106

わたしには無限の可能性があります

わたしたちに与えられた無限の生命のなかでは、すべてが完全で完璧で十分なのです。

わたしたちは人間をつくりたもうた「力」と一体であり、そのことに喜びを感じています。この「力」は、人間も含むすべての創造物を愛しています。

地球上で、人間は最高の生命形態であり、自分がやらなくてはいけない経験に必要なものはすべて備えられています。わたしたち人間の心は、普遍的な知性とつながっているため、すべての知識や知恵を利用することができます。

自分の持つ最高の宝や至福の喜びを手に入れるために、わたしたちは完璧なものをつくり出していると、信じましょう。ほんとうの自分を愛し、とりわけこの人生を選ぶことで肉体を得たことに感謝するのです。一瞬一瞬、自分の人格や身体を形成し、つくり直していくことで、さらに高い潜在能力を発揮できるようになります。自分の無限の潜在能力を楽しみましょう。すべての領域には可能性が横たわっているのですから。

無限の力に全幅の信頼を置いてください。この世界ではすべてがうまくいくのです。

Inner Child

インナーチャイルド

心のなかに、
昔のネガティブなメッセージを見つけたら、
取り除いてしまいましょう。
そのとき、あなたのインナーチャイルドを
やさしく、親切に
なだめてあげてください。
「わたしが起こす変化はすべて、
心地よく、簡単で、楽しい」
と唱えてみましょう。

わたしは今の自分を心から愛しています

愛とは、この世に存在する最も大きな「消しゴム」です。

愛はどんなに心の奥深くに刻み込まれたものでさえ、消し去ることができます。なぜなら、いかなるものよりも深く心に刻み込めるからです。

子供時代に刷り込まれたものが強烈なために、「これはすべてあいつらのせいだから、自分にはどうすることもできない」と言い続けているならば、あなたはいつまでたっても行き詰まった状態のままです。

その場合には、ミラーワークを何度もやってみましょう。鏡のなかの自分を頭のてっぺんからつま先まで、愛するのです。服を着ている自分ばかりでなく、心のなかにいるあなたの子供（インナーチャイルド）も愛してあげましょう。

Inner Child

インナーチャイルド

わたしたちの誰もが
自分の心のなかにいる
三歳の子供と一緒に過ごしています。
ただ残念なことに、ほとんどの人は
その子供に怒鳴りつけることで時間を費やし、
なぜ人生がうまくいかないのかと
不思議がっているのです。

108

わたしは自分のインナーチャイルドをいとしく抱きしめます

あなたのインナーチャイルドをいたわってあげてください。

その子はおびえ、傷ついています。そしてこの状況にどう対処すればいいのかわからずにいます。

ですから、どうかそばにいてあげてください。抱きしめて、愛して、できる限り必要な世話をしてあげましょう。

何が起きても、そばにいてあげると、しっかりと告げるのです。

けっして背を向けたり、ひとりぼっちにさせたりしてはいけません。心のなかにいるこの子をいつも愛してあげてください。

Spirit

スピリット

「これではどうしようもない」と
耳にするたびに、心のなかで
「そんなことはない」ことに気づきましょう。
癒しは無限のエネルギーを
秘めているのです。

109

無限のエネルギーは永遠です

太陽はいつも輝いています。雲に覆われて、しばらく光がさえぎられても、太陽はその瞬間にもやはり輝き続けているのです。

同じことが無限のエネルギーとスピリットについても言えます。どちらも永遠であり、つねに癒すことをやめたりしないからです。いつも近くにいて、光を与えてくれるのです。

ネガティブ思考という雲のせいで、姿が隠されてしまうこともあるでしょう。しかし、**スピリットや癒しのエネルギーはつねにわたしたちとともにあるのです。**

Subconscious Mind

潜在意識

潜在意識のプログラムをつくり直すためには、
身体をリラックスさせなくてはいけません。
緊張をほぐしてください。
そして感情に縛られずに、
心をオープンにし、
何ごとも受けいれられる状態にします。
自分の持つ長所を考えましょう。

110

人生とは喜びです

潜在意識は、正しいか間違いか、いいか悪いかの判断はしません。

ですから、「なんて、わたしは愚かだったのだ」などという言葉を口にするのはやめましょう。

なぜなら、潜在意識はあなたが言うことを真に受けてしまうからです。

そして、その言葉通りの自分であろうとしてしまいます。

自分について冗談を言ったり、卑下したり、自分の人生を悪く言ったりしてはいけません。なぜなら、このようなネガティブな言葉を使っていると、あなたに素晴らしい経験は生まれなくなってしまうからです。

Wisdom

知恵

迷いがあるときや、
何かに取り組むとき、
自分の内なる声に耳を傾けましょう。
そうすれば、
適切な答えを導き出せます。

111

わたしは内なる声に従います

外界に惑わされることなく、意識を集中し、ありのままの自分を愛してください。あなたは素晴らしい人生を表現する存在なのです。

「外の世界」に何が起ころうと、あなたは冷静さをつねに失いません。あなたには、自分の感情を持つ権利も、自分の意見を表明する権利も、選択肢を選ぶ権利もあります。それはあなただけが要求できる権利です。

自分を愛しなさい。心を開くことです。それが怖くなってしまうのは、内面で手に入れた答えが、友人があなたに望んでいる答えとまったく異なっているからです。自分にとって最善なことを、あなたは見つけられます。内なる声に従うことで、ほんとうの自分であることに安らぎを覚えるのです。

迷いがあるなら、こう問いかけてみましょう。「これは心のなかの愛に満ちた空間から出てきた答えだろうか？　自分にとって有益な決断だろうか？　今、わたしにとって適切なことなのだろうか？」と。時が経てば、決断は適切ではなくなるかもしれません。ですから、つねに「この決断は私にとって適切なのだろうか？」と問いかけてみることが重要なのです。そして「自分自身を愛しています。今、わたしは適切な選択を下している最中です」と唱えてください。

Working Together

一致団結

誰もが生産的で、
協調性をもって
働いていると信じるならば、
あなたはどんな人生を歩むことになっても、
協力を得られるでしょう。

112

わたしたちは皆、調和した全体の一員です

人間が協力しあうのは、お互いに学ばなくてはいけないものがあるからです。人間が一緒にいるのはひとつの目標のためなのです。この目標のためには戦闘も非難の応酬も必要ではありません。協力関係から安全に利益を得て、成長できるようになるには、自分を愛することが大切です。目の前にある仕事や自分の人生についてのあらゆる領域に調和をもたらすために、人間は一緒に働くことを選びました。すべての行為や行動は、個人の真実と人生の真実に基づいています。

わたしたちは適切なときに、適切な言葉を述べ、正しい行動指針に従っています。誰もが調和の取れた全体の一員なのです。

実りある成果を出せるように、人間はお互いに支えあい、励ましあい、仕事や人生のあらゆる領域で成功を実現しています。人間は健康で、幸せで、愛情にあふれ、愉快で、礼儀正しく、支えあうことができます。そのために、自分自身に対しても、相手に対しても、つねに穏やかにいられます。まさにこれが真実なのです。

Oneness

すべてはひとつ

わたしたちは地球を破壊することも、
癒すこともできます。
どちらを選ぶかは、
わたしたち個人の責任です。
毎日、じっくり腰を下ろして、
愛に満ちた癒しのエネルギーを
地球に送りましょう。
心で実行したものが
違いを生み出してくれます。

113

わたしは生きとし生けるものとつながっています

次のように宣言しましょう。

「わたしはスピリットであり、光、エネルギー、振動、色彩、愛です。自分が思っているよりもはるかに優れた人間で、地球上にいるすべての人間、そして生きとし生けるものとつながっています。健康で、何ひとつ欠けるものはありません。あるがままの自分でいても安全で、全員がお互いに愛しあう社会で暮らしています」

あなたは今、自分自身や人類全体に、今、宣言したような展望を抱いていることでしょう。なぜなら癒すことで、完全になることができるからです。わたしたちは地球、宇宙全体の一員で、すべての生命と一体です。これが真実なのです。

World Community

世界共同体

この新しい時代の救世主を見つけるために
わたしたちは内面を探ることを学んでいます。
そして探しているパワーとは、
まさにわたしたち自身なのです。
人間は全員、宇宙と生命に
完璧につながっているのです。

114

この世界は地上の楽園です

わたしたちは、一丸となって、分かちあい、成長し、エネルギーを世界に広めていく共同体の一員です。この共同体では、自由に活動を追求し、各個人の目的をより満足がいくようにするために、お互いが結びつけられています。わたしたちは、自分の価値を証明したいという同じ願望を持ち、今、そばにいることのできる人たちと新しい地上の楽園を形成するために導かれてきたのです。

いさかいもなく、仲良く、愛情を抱きながら生活しています。精神を成長させるために努力することが最も重要な活動であり、これが個人の作業にもなる世界をわたしたちは確立します。

選択するあらゆる領域で、創造力を発揮するための時間やチャンスはたっぷりとあります。必要なすべてのものは、心の力を使って、表現することができるでしょう。

病気も、貧困も、犯罪もない未来の世界は、今、まさにこの場所で、わたしたち全員によって開始されるのです。

Eternal Life

永遠の命

今日は、人生のなかでも
とくにウキウキする一日です。
あなたは素晴らしい冒険に旅立っています。
今日この一日の旅の行程は、
絶対に今日しか味わえません。

115

わたしはたえず変化していく旅の途中にいます

宇宙の流れのなかでは、すべては完全で、完璧で、十分です。そして人の一生もやはり完全で、完璧で、十分なものです。

一生には誕生、成長期、成熟期、衰退期、死という節目があります。そのどれもが、人生にとってなくてはならない時期です。これはあたりまえで、自然なことです。悲しいこともありますが、人生のサイクルとリズムを受けいれましょう。

人間には寿命があります。天寿をまっとうするか、早すぎる終わりを迎えてしまうのか？　それはわかりません。ただ、ひとつ言っておきたいことがあります。

人生はたえず変化していくものです。しかし、真実を言えば、人生には始まりもなければ終わりもありません。物質と経験はつねに絶え間なく循環しているのです。

人生には行き止まりも、停滞もなければ、古びることもありません。なぜなら、どの瞬間も新しく、新鮮であるからです。

すべての終わりは、新たな始まりなのです。

訳者あとがき

ベストセラー作家、出版社ヘイ・ハウスの創設者・会長として世界中の多くの人を勇気づけ、希望を与えてくれる数多くの本を出版し続けてくれたルイーズ・L・ヘイ氏の半生はまさに苦難の連続でした。両親の離婚による貧困、家庭内暴力、そして家出。結婚し幸福を手に入れたかと思うと、夫に浮気され、離婚を余儀なくされてしまいます。そして、それに追い打ちをかけたのがガンの宣告でした。

しかし、この病の原因は子供のころからの恨みや怒りにあると確信し、彼女は今までのマイナス思考を手放す決意をしました。

本書は、自分が望んでいない経験をつくり出している思考を取り除き、新しい人生をつくり出すための、自分を肯定する言葉（アファメーション）を集めた本です。

ほとんどの人は「真面目に努力していてもなぜうまくいかないのだろう」と感じながら生きてはいないでしょうか？　でもそんな考えが、人生をよくない方向に仕組んでいる原因だとするなら？　本書には、そんな濁ってしまった心を浄化してくれる知恵と知識がぎゅっと詰め込まれています。

本書は、世界中から好評を博し、日本でも翻訳されて、増刷を重ね、多くの人から熱い支持を受けてきました。しかし、しばらく前に絶版になってしまい、私はそのことをずっと残念に思っていました。そんな気持ちをディスカバー・トゥエンティワンの元木優子さんに伝えたことがきっかけとなり、再び読者に新しい装いで読んでもらえるようになりました。今回は、新しい版を利用し、アファメーションは増加され、以前、省略されていた言葉もすべて取りあげておきました。

現在は、病気、貧困、失業、失恋ばかりでなく、コロナ禍や気候変動による災害など、従来の日常生活では思ってもみなかった事態も発生しています。しかし、暗い日々に遭遇し、孤立してしまったような気持ちに陥ったとき、最も大切なのは絶対に希望を失わないことです。

本書は、日常生活でも、困難な事態に巻き込まれたときでも、つねに前向きに暮らしていくための座右の一冊となってくれると確信しています。

二〇二〇年九月

住友　進

ルイーズ・L・ヘイ（Louise L. Hay 1926 – 2017）

プラクティック療法家

アメリカの貧しい家庭に生まれ、虐待を受けて育つ。10代で出産するなど、困難な少女期を送るが、成人してからはファッションモデルとして活躍。イギリス人と結婚するも、14年後に離婚。子宮頸ガンを発症するが、精神と肉体の浄化によって克服する。こうした自身の経験などを基にした著作『You Can Heal Your Life』（邦訳『ライフヒーリング』たま出版）は、世界3500万部を超えるベストセラーとなる。

著者・教育者としての実績は累計5000万部を超えるだけでなく、ヘイ・ハウス社の創設者・会長として、この地球を癒すのに貢献する書物、CD、ビデオを普及してきた。

邦訳に、上記『ライフヒーリング』のほか、『あたらしい私のはじめかた』『それでも、あなたを愛しなさい』（共にフォレスト出版）、『私はできる！』（サンマーク出版）などがある。

www.LouiseHay.com

www.HealYourLife.com

【訳者】住友 進（すみとも すすむ）

翻訳家。早稲田大学第一文学部卒業。訳書にルイーズ・L・ヘイ『私はできる！』（サンマーク出版）、ディーパック・チョプラ『パーフェクト・ヘルス』（きこ書房）、デイヴィッド・デステノ『なぜ「やる気」は長続きしないのか』（白揚社）、ダレン・ハーディ『複利効果の生活習慣』（パンローリング株式会社）など多数。

あなたはいつだってOK！

安らぎと自由をくれる115の言葉

発行日　2020年10月25日　第1刷

Author　ルイーズ・L・ヘイ
Translator　住友 進
Book Designer
白畠かおり

Publication　株式会社ディスカヴァー・トゥエンティワン
〒102-0093　東京都千代田区平河町2-16-1 平河町森タワー11F
TEL　03-3237-8321（代表）03-3237-8345（営業）
FAX　03-3237-8323　https://d21.co.jp/

Publisher　谷口奈緒美
Editor　元木優子

Publishing Company
蛯原昇　梅本翔太　千葉正幸　原典宏　古矢薫　佐藤昌幸　青木翔平　大竹朝子
小木曽礼丈　小山怜那　川島理　川本寛子　越野志絵良　佐竹祐哉　佐藤淳基
志摩麻衣　竹内大貴　滝口景太郎　直林実咲　野村美空　橋本莉奈　廣内悠理
三角真穂　宮田有利子　渡辺基志　井澤徳子　小田孝文　藤井かおり
藤井多穂子　町田加奈子

Digital Commerce Company
谷口奈緒美　飯田智樹　大山聡子　安永智洋　岡本典子　早水真吾　三輪真也
磯部隆　伊東佑真　王廳　倉田華　榊原僚　佐々木玲奈　佐藤サラ圭　庄司知世
杉田彰子　高橋雛乃　辰巳佳衣　谷中卓　中島俊平　西川なつか　野﨑竜海
野中保奈美　林拓馬　林秀樹　牧野類　三谷祐一　安永姫菜　青木涼馬　小石亜季
副島杏南　中澤泰宏　羽地夕夏　八木眸

Business Solution Company
蛯原昇　志摩晃司　藤田浩芳　野村美紀　南健一

Business Platform Group
大星多聞　小関勝則　堀部直人　小田木もも　斎藤悠人　山中麻吏　伊藤香
葛目美枝子　鈴木洋子　福田章平

Corporate Design Group
松原史与志　岡村浩明　井筒浩　井上竜之介　奥田千晶　田中亜紀　福永友紀
山田諭志　池田望　石橋佐知子　石光まゆ子　齋藤朋子　俵敬子　丸山香織　宮崎陽子

Photo　カバー：Ⓒ Westend61 / Getty Images　本文：Unsplash
Proofreader　文字工房燦光
Printing　中央精版印刷株式会社

ISBN978-4-7993-2683-1

最後までお読みいただき、ありがとうございます。
本書を通して、何か発見はありましたか？
ぜひ、感想をお聞かせください。

いただいた感想は、著者と編集者が拝読します。

また、ご感想をくださった方には、お得な特典をお届けします。